Gerda Pighin

Die Cholesterin-zwei-Monats-Kur

MIDENA

Gerda Pighin

Die Cholesterin-zwei-Monats-Kur

Ein wirksamer Weg, den erhöhten Cholesterinspiegel in den Griff zu bekommen

MIDENA

Inhalt

Die so genannten Grenzwerte beim Cholesterin werden von den Fachleuten heute unterschiedlich beurteilt. Es gibt kein absolut sicheres Maß für die Festlegung eines Wertes, der Kranke und Gesunde voneinander trennt.

Reduzieren Sie das Fett in Ihrem Speiseplan! So könnte das erste Gebot lauten, wenn es um die Senkung des Cholesterinspiegels geht.

Vitamin- oder Mineralstoffmangel muss nicht sein. Zu jeder Jahreszeit steht uns eine reichhaltige Auswahl an frischem Gemüse zur Verfügung.

Um den Cholesterinspiegel in seine Schranken zu verweisen, hilft Ihnen eine regelmäßige sportliche Betätigung. Insbesondere Ausdauersportarten eignen sich hervorragend für dieses Vorhaben.

Unser Körper kann Vitamin C nicht speichern, daher muss es ihm täglich zugeführt werden, z. B. mit frisch gepressten Zitrusfrüchten.

Das Zwei-Monats-Programm ist nicht einfach nur eine Diät, denn sie ist nicht nach Ablauf der vorgegebenen acht Wochen zu Ende. Vielmehr ist dieses Programm eine Art Schulung, um eine dauerhafte Ernährungsumstellung zu erreichen.

Einleitung

Ausgewogene Ernährung, Gewichtskontrolle, regelmäßige Bewegung und richtiger Umgang mit Stress sind die vier Säulen einer gesunden Lebensweise.

Keine Eier, keine Butter, wenig Fett – die meisten Menschen glauben, dass damit ihr Cholesterinproblem bereits gelöst ist. Sie sind dementsprechend enttäuscht, wenn bei der nächsten Untersuchung ihr Arzt weiterhin hohe, vielleicht sogar noch höhere Cholesterinwerte feststellt. Doch nach den neuesten wissenschaftlichen Forschungen zum Thema Cholesterin reicht es bei weitem nicht aus, einfach nur ein bisschen weniger Fett zu sich zu nehmen, um die Blutfettwerte deutlich zu senken. Denn schließlich produziert der Körper selbst Cholesterin, das wichtige Aufgaben zu erfüllen hat. So ist das Cholesterin nicht nur ein wesentlicher Baustein für Zellmembranen, sondern ermöglicht dem Körper unter anderem auch die Synthese von Hormonen oder Gallensäure.

Ein weiterer Aspekt ist, dass es für erhöhte Cholesterinwerte unterschiedliche Ursachen geben kann. Das sind einmal angeborene oder erworbene schwere Fettstoffwechselstörungen (relativ selten) und andere Erkrankungen (z. B. Diabetes), die für hohes Cholesterin verantwortlich sind. Wer darunter leidet, muss auf alle Fälle ganz gezielt mit Medikamenten behandelt werden.

Eine weitere Ursache, die leider ebenfalls nicht ganz selten ist, ist eine vererbte Anlage zu hohem Cholesterin. Das heißt, in einer Familie kommt dieses Problem häufiger vor. Tatsächlich ist dieses Erbe allein aber noch kein zwingender Grund für dauerhaft zu hohes Cholesterin, denn erst kombiniert mit falscher Ernährung und Lebensweise treibt diese Anlage die Werte hoch. Das wurde beispielsweise in Erhebungen festgestellt, die zeigen, dass während und nach Kriegszeiten, als die Menschen nicht genug zu essen hatten, die Cholesterinwerte in der Bevölkerung insgesamt – also auch bei den Personen, die für zu hohe Cholesterinwerte veranlagt waren – deutlich niedriger lagen als heute.

Häufigste Ursache: falsche Ernährung und Lebensgewohnheiten

Wir leben mit einem Überangebot an Lebensmitteln, denn wir können zu jeder Jahreszeit erheblich mehr kaufen, als wir brauchen. Darüber hinaus bevorzugen die meisten Menschen zu fette Gerichte, essen jeden Tag, manchmal sogar mehrmals täglich, Fleisch und verzehren Unmengen an Wurst und Käse. Getreideprodukte, Obst und Gemüse gelten in unseren Küchen höchstens als kleine Beilagen. Das führt aber dazu, dass wir alle viel zu viel Fett zu uns nehmen, wie der Bericht der Deutschen Gesellschaft für Ernährung immer wieder warnend feststellt. Und dieses Übermaß an Fett ist die Hauptursache für Übergewicht, das für sich allein schon ein Risiko für die Gesundheit darstellt, zusätzlich aber ein Grund für zu hohes Cholesterin ist.

Es gibt verschiedene Gründe für einen erhöhten Cholesterinspiegel. Der weitaus häufigste in unserer Gesellschaft ist eine ungesunde Lebensweise mit zu fetter Ernährung.

Das andere Problem ist unsere ungesunde Lebensweise. Kaum jemand arbeitet noch schwer körperlich. Vielmehr üben die meisten Menschen sitzende Tätigkeiten aus und sitzen abends dann daheim oft vor dem Fernseher, wo sie sich häufig noch fette Chips oder andere Knabbersachen einverleiben. Trotz Fitnesswelle und Jugendkult haben die wenigsten regelmäßige, nicht zu anstrengende, dafür aber kontinuierliche Bewegung. Stattdessen ist höchstens einmal am Wochenende oder im Urlaub so richtig »auspowern« angesagt, was weder für Muskeln und Gelenke vorteilhaft ist noch sich positiv auf den Cholesterinspiegel auswirkt.

Hinzu kommen die steigenden alltäglichen Anforderungen an den Einzelnen im Beruf, in der Familie und nicht zuletzt auch in der Freizeit. Das bedeutet nicht selten ständige Hetze, Aufregung, Stress. All das aber sind Faktoren, die das Cholesterin in die Höhe treiben.

Trotzdem ist es in aller Regel gar nicht so schwierig, erhöhte Cholesterinwerte auf natürliche Weise in den Griff zu bekommen. Man muss dazu allerdings nicht nur seine Ernährungsgewohnheiten überprüfen und notfalls ändern, sondern gleichzeitig auch einige Verhaltensweisen in anderen Lebensbereichen. Heute weiß man, dass neben der Ernährung noch weitere Faktoren eine wichtige Rolle spielen, etwa das Gewicht des Patienten oder der Stress, dem dieser ausgesetzt ist.

Regelmäßige körperliche Anstrengung wirkt sich positiv auf unseren Cholesterinspiegel aus - dabei ist es wichtiger, häufiger etwas kürzer zu trainieren als nur hin und wieder sehr intensiv.

Die Lebensweise ändern – aber wie?

Weshalb eine umfassende Umstellung notwendig ist, und was Sie dafür tun müssen, wird Ihnen in diesem Buch erklärt. Sie erfahren, was Cholesterin ist, und welche Bedeutung Ernährung, Gewicht, Sport und Entspannung in diesem Zusammenhang haben. Es gibt eine Reihe von Empfehlungen und Tipps, wie Sie Ihre Cholesterinwerte nachhaltig senken können. Schließlich erfahren Sie, wie Sie Geist und Körper in etwa acht Wochen auf die neue – gesunde – Lebensweise einstellen können.
Solch eine Umstellung der Ernährungs- und Lebensweise kann anfangs einige Mühe bedeuten. Natürlich müssen Sie auch auf manches verzichten. Doch Sie erhalten so viele Vorschläge für leckere und angenehme Alternativen, dass Sie Ihr neues, cholesterinbewusstes Leben wirklich genießen können.

Wem hilft das Programm?

Gehören Sie – wie übrigens die meisten Betroffenen – zu den Menschen, deren Cholesterinspiegel vor allem wegen ihrer ungesunden Lebensweise zu hoch ist, werden Sie schon nach kurzer Zeit Erfolge feststellen. Sofern Sie sich an die Ratschläge in diesem Buch halten – also Ihre Ernährung umstellen, Ihr Gewicht in den Normbereich bringen, Stress abbauen, regelmäßig den richtigen Sport treiben –, können Ihre Cholesterinwerte bereits nach sechs bis acht Wochen im »grünen Bereich« liegen. Um sie dort zu halten, ist es jedoch notwendig, die neuen Gewohnheiten eisern beizubehalten.

Das wird Ihnen sicher nicht schwer fallen, denn Sie fühlen sich garantiert fitter, wohler und gesünder als bisher und haben obendrein noch die angenehme Gewissheit, dass Sie dadurch viel für ein längeres Leben tun und gleichzeitig Risiken für Gefäßkrankheiten enorm reduzieren.
Doch auch wenn Sie zu den Menschen gehören, deren Cholesterinwerte wegen einer Krankheit oder aus genetisch-familiären Gründen zu hoch sind, profitieren Sie von dieser Kur. Sie unterstützen damit die notwendige medizinische Behandlung und tragen möglicherweise dazu bei, den Bedarf an Medikamenten zu verringern.

Beachten Sie: Führen Sie dieses Programm nicht auf eigene Faust durch!

Wichtiger Hinweis

Lassen Sie sich unbedingt von Ihrem Arzt untersuchen, bevor Sie mit dem Programm beginnen, und beraten Sie sich mit ihm darüber, ob es für Sie geeignet ist. Während der Kur ist es empfehlenswert, regelmäßige Zwischenchecks machen zu lassen, z. B. alle zwei Wochen, um einen optimalen Verlauf der Cholesterin-zwei-Monats-Kur zu gewährleisten.

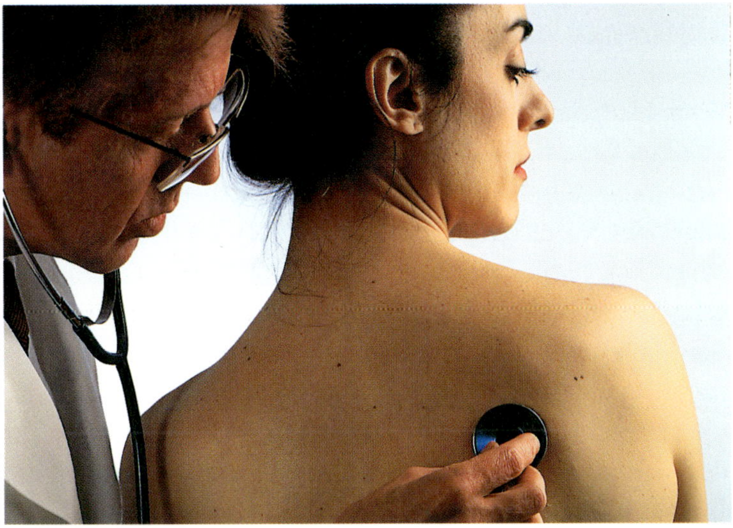

Mit einem Stethoskop kann der Arzt den Herzschlag abhören. Diese Untersuchung ist vor Beginn einer Cholesterinkur unbedingt zu empfehlen.

Cholesterin – was ist das eigentlich?

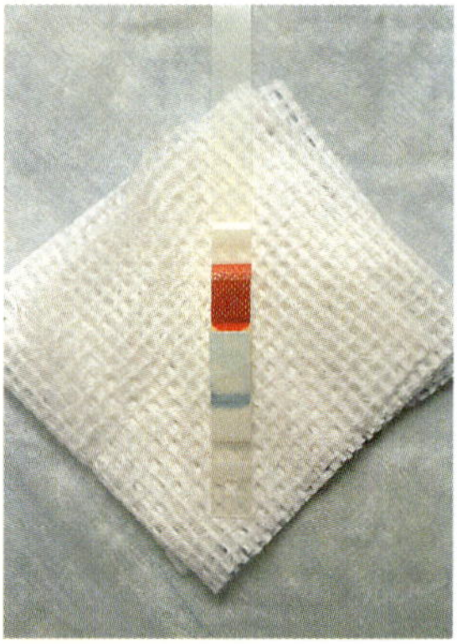

Ein einfacher Test genügt zum Nachweis von Cholesterin im Blut.

Cholesterin ist für uns lebensnotwendig, es erfüllt eine Reihe von wichtigen Aufgaben in unserem Organismus. Der Körper kann diese Blutfettart selbst bilden, er ist also nicht auf eine Zufuhr von außen – durch die Nahrung – angewiesen. Und dies ist genau das Problem: Unsere Ernährung enthält in den meisten Fällen mehr Cholesterin, als der Körper braucht. Ein zu hoher Cholesterinspiegel ist jedoch schädlich, da er eine Reihe von Krankheiten begünstigt.

Erhöhtes Cholesterin – eine Volkskrankheit

Weit mehr als die Hälfte aller Deutschen über 45 Jahre hat zu viel Cholesterin im Blut. Ebenso etwa die Hälfte der 25- bis 30-Jährigen und rund 80 Prozent der 50- bis 60-Jährigen.
Was heißt das? Sind oder werden alle diese Menschen krank? Vermutlich nicht. Denn beim Cholesterin ist es wie bei vielen anderen Werten: Es gibt bestimmte Grenzwerte, die von Wissenschaftlern festgelegt wurden. Was darüber liegt, gilt als riskant, was darunter liegt als optimal. Nun ist es aber gerade beim Cholesterin so, dass diese Grenzwerte in den letzten Jahrzehnten von unterschiedlichen Leuten immer wieder neu definiert worden sind. Und bis heute gibt es keine hundertprozentig sichere Erkenntnis, welcher Wert nun wirklich die Gesunden von den Kranken trennt. Das liegt vor allem daran, dass die Risiken im Zusammenhang mit Cholesterin nur statistisch bestimmt werden können.

Ideale und allgemein gültige Cholesterinwerte gibt es nicht – sie sind unter anderem vom Alter abhängig. Ihr Arzt kann Ihnen jedoch genau sagen, ob Ihre Werte noch im grünen Bereich sind.

Risikofaktor Cholesterin

Heute besteht kein Zweifel mehr daran, dass zu viel Cholesterin im Blut eine der Mitursachen für Gefäß- und koronare Herzkrankheiten (Arteriosklerose, Herzinfarkt, Angina pectoris) ist – und genau diese Krankheiten sind nach wie vor die häufigste Todesursache in den westlichen Industrienationen. Natürlich gibt es in diesem Zusammenhang noch andere Risikofaktoren, wie Rauchen, Bluthochdruck, Übergewicht und verschiedene Krankheiten. In jüngster Zeit werden darüber hinaus auch Bakterien und Viren als Auslöser für koronare Herzkrankheiten diskutiert.

Kommen mehrere dieser Risikofaktoren zusammen und übersteigt das Cholesterin bestimmte Werte, dann wird die Wahrscheinlichkeit, an einem Herzinfarkt oder Schlaganfall zu sterben, immer größer. Das genaue Einzelrisiko Cholesterin lässt sich getrennt von diesen Faktoren nur schwer bestimmen.

Der seit einigen Jahren gültige Grenzwert für den Cholesterinanteil im Blut liegt bei 200 Milligramm pro 100 Milliliter Blutplasma (200 mg/dl). Auch die eingangs genannten Zahlen

200 Milligramm Cholesterin pro 100 Milliliter Blut gelten als Grenzwert. Manche Mediziner ziehen erst bei 250 mg/dl die Grenze – wenn keine weiteren Risikofaktoren bestehen.

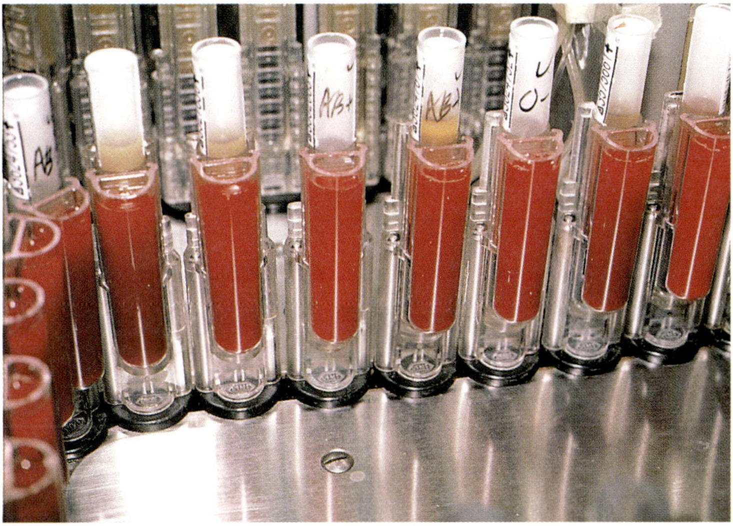

Eine Blutanalyse gibt Aufschluss über die Höhe des Cholesterinspiegels.

Eine Ernährungsumstellung auf gesündere und weniger fettreiche Kost lohnt sich immer – unabhängig vom Cholesterinspiegel: Man fühlt sich insgesamt fitter. Und bei zu hohen Werten können Sie eine zweifache Wirkung erzielen: Mit dem verbesserten Allgemeinbefinden sinkt gleichzeitig auch Ihr Cholesterin.

beruhen auf diesem Wert. Manche Mediziner halten demgegenüber auch einen Grenzwert von 250 mg/dl noch für akzeptabel – allerdings nur, so lange keine weiteren Risikofaktoren hinzukommen. Legt man diesen höheren Wert zugrunde, haben nur noch rund 35 Prozent der über 45-Jährigen zu viel Cholesterin im Blut, etwa 10 Prozent der 25- bis 30-Jährigen und weniger als die Hälfte der 50- bis 60-Jährigen.

Wann besteht Handlungsbedarf?

Zahlreiche wissenschaftliche Untersuchungen haben über viele Jahre hinweg gezeigt, dass Menschen mit hohen Cholesterinwerten viel häufiger an koronaren Herzkrankheiten leiden und oftmals sogar daran sterben. Und umgekehrt ist erwiesen, dass in Ländern mit anderen Ernährungsgewohnheiten, z. B. in den Mittelmeerländern oder bei den Eskimos, Herzerkrankungen beinahe unbekannt sind. Es steht also eindeutig fest, dass ein zu hoher Cholesterinspiegel ein Gesundheitsrisiko darstellen kann. Auch wenn nicht ganz sicher ist, welche Grenzwerte nun schon höchste Gefahr bedeuten, so lohnt es sich ganz bestimmt, die Ernährungs- und Lebensweise dahin gehend zu ändern, dass der Cholesterinspiegel sinkt.

Liegen die Werte nur minimal über dem Grenzwert, gibt es sicher keinen Grund, in Panik zu geraten. Aber es sollte dennoch ein Anlass dafür sein, über eine Umstellung, die zu einer gesünderen Lebensweise führt, nachzudenken und diese auch in Angriff zu nehmen. In den folgenden Kapiteln dieses Buches werden Sie viele Anregungen und konkrete Tipps finden, wie Sie eine solche Umstellung in die Tat umsetzen können.

Wenn Sie einen stark erhöhten Cholesterinspiegel haben (über 300 ml/dl), müssen Sie auf alle Fälle ärztliche Hilfe in Anspruch nehmen. Doch gerade im Hinblick auf die Zukunft wird auch der Arzt Ihnen dringend dazu raten, Ihr Leben der Gesundheit zuliebe zukünftig in andere Bahnen zu lenken.

Was das Cholesterin in die Höhe treibt

Eine Erhöhung des Cholesterinspiegels kann verschiedene Ursachen haben. Der häufigste Grund ist eine ungesunde Ernährungs- und Lebensweise, aber auch Vererbung, Krankheiten und die Einnahme von Medikamenten können zu überhöhten Blutfettwerten führen.

Lebensweise

Bei den meisten Menschen, die den Grenzwert von 200 md/dl nur geringfügig überschreiten, ist eine falsche Ernährungs- und Lebensweise der eindeutige Grund für den hohen Cholesterinspiegel.
Wir haben in den westlichen Industrienationen einen Überfluss an Nahrungsmitteln – an gesunden wie an ungesunden. Außerdem sind wir zunehmend Stress und Hektik ausgesetzt, leiden gleichzeitig aber unter Bewegungsmagel, da es immer mehr »sitzende« Berufe gibt, und wir zudem immer bequemer werden. All dies führt zu einer seelischen und körperlichen Unausgeglichenheit, die neben anderen Beschwerden einen erhöhten Cholesterinspiegel begünstigt.

Selbst wenn die Neigung zu erhöhtem Cholesterin in Ihrer Familie verbreitet sein sollte, ist dies kein Grund zu resignieren. Denn diese Veranlagung wird nur dann zum Tragen kommen, wenn Sie mit anderen Risikofaktoren wie Stress oder zu wenig Bewegung zusammentrifft. Wenn Sie also dies in Ihrer Lebensführung berücksichtigen, können Sie dieses Risiko in den Griff bekommen.

Vererbung

Es gibt verschiedene genetische Komponenten, die einen hohen Cholesterinspiegel verursachen können. Häufig wird die Veranlagung für hohes Cholesterin vererbt, doch ist hierbei zu beachten, dass nur die Anlage hierzu vererbt wird, nicht der hohe Cholesterinspiegel als solcher. Wer eine solche Veranlagung in sich trägt, wird sehr wahrscheinlich schnell einen hohen Cholesterinspiegel erreichen, wenn er sich ungünstig ernährt oder andere cholesterinsteigende Ursachen wie Stress und wenig Bewegung hinzukommen. Durch eine entsprechende gesunde Lebensweise kann dies aber verhindert werden.

Koronare Herzkrankheiten und Herzinfarkte sind häufig auf erhöhte Blutfettwerte zurückzuführen.

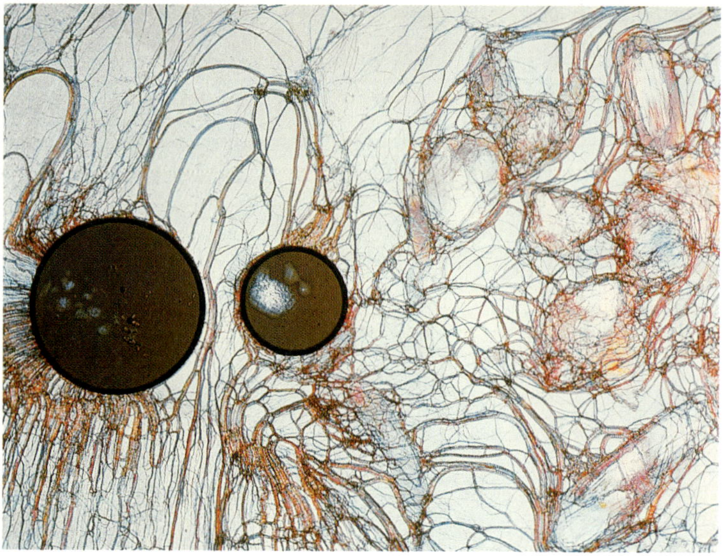

Abgesehen von dieser vererbten Veranlagung gibt es Menschen, die mit einer Fettstoffwechselstörung geboren werden – was aber relativ selten ist. Hier sind zwei unterschiedliche Ausprägungen zu beobachten: In dem einen Fall betragen die Cholesterinwerte schon bei Kindern über 200 mg/dl. Wenn sie nicht behandelt werden, erleiden viele der Betroffenen bereits vor dem 40. Lebensjahr einen Herzinfarkt. Diese Form betrifft etwa jeden 500. Menschen. Der andere Fall ist erheblich seltener, er betrifft einen von 160 000 Menschen. Bei dieser Form liegen die Cholesterinwerte bei 1000 und mehr mg/dl. Diese Krankheit ist nur sehr schwer zu behandeln und Herzinfarkte können schon im Kindes- und Jugendalter auftreten.

Auch wenn hohe Cholesterinwerte mit Medikamenten behandelt werden müssen, ist es in jedem Fall sinnvoll, seine Lebens- und Ernährungsweise cholesterinbewusst zu gestalten.

Kommt in einer Familie häufig ein zu hoher Cholesterinspiegel vor, dann sollte man unbedingt frühzeitig die Zusammenhänge untersuchen lassen. In diesen Familien ist es bereits bei Kindern notwendig, auf eine entsprechende Ernährung und Lebensweise zu achten und, falls nötig, eine ärztliche Behandlung einzuleiten.

Krankheiten

Hohe Cholesterinwerte können auch durch Krankheiten bedingt sein. Ist dies eindeutig diagnostiziert, muss natürlich immer zuerst die auslösende Krankheit behandelt werden. Trotzdem ist es in diesen Fällen ebenfalls zu empfehlen, Ernährung und Lebensweise umzustellen. Ursachen für zu hohes Cholesterin können beispielsweise eine Schilddrüsenfehlfunktion oder Nierenfunktionsstörungen sein. Eine Überfunktion der Nebennierenrinde (Cushing-Syndrom) oder Magersucht haben ebenfalls hohe Cholesterinwerte zur Folge. Dies gilt auch für bestimmte Lebererkrankungen, Abflussstörungen der Gallenflüssigkeit oder Tumore an der Hirnanhangdrüse.

Die Werte der Triglyzeride (siehe Kapitel »HDL, LDL, Triglyzeride«, Seite 21) sind bei folgenden Krankheiten erhöht: bei Zuckerkrankheit (Diabetes), besonders bei Diabetes mellitus Typ II, auch Alterszucker genannt, außerdem bei Alkoholismus, Übergewicht, Nierenfunktionsstörungen und Aids.

Ein regelmäßiger Check-up beim Arzt – den ab einem gewissen Alter übrigens die Krankenkassen finanzieren – ist wärmstens zu empfehlen. Denn je früher beispielsweise die Ursachen für einen erhöhten Cholesterinspiegel erkannt werden, desto schneller und wirksamer lässt sich dieser behandeln.

Medikamente

Es gibt eine Reihe von Medikamenten, auf deren Einnahme der Körper mit einem erhöhten Cholesterin- und Triglyzeridspiegel reagiert. Machen Sie auf jeden Fall Ihren Arzt darauf aufmerksam, welche Mittel Sie regelmäßig einnehmen, falls er bei Ihnen zu viel Cholesterin feststellt. Bekannt für die Erhöhung des Cholesterinwertes sind Entwässerungsmedikamente (Diuretika), Betablocker, die häufig bei zu hohem Blutdruck verordnet werden, Kortison-Präparate und synthetisches Vitamin A, die bei schwerer Akne eingesetzt werden sowie Substanzen zum Muskelaufbau (Anabolika).

Cholesterinspiegel – geschlechtsspezifisch?

Lange Zeit galt Herzinfarkt als ausgesprochene Männerkrankheit. Das lag vermutlich daran, dass Herzinfarkte bei Männern häufiger und in einem früheren Lebensalter auftreten, zudem sind Untersuchungen zum Thema Cholesterin meist mit Männern durchgeführt worden. Frauen scheinen durch ihren hormonellen Monatszyklus einen gewissen Schutz vor koronaren Herzkrankheiten und Gefäßerkrankungen durch zu hohe Cholesterinwerte zu besitzen. So ist bei Frauen das gefährliche LDL durchschnittlich niedriger, das günstige HDL höher als bei Männern (siehe Kapitel »HDL, LDL, Triglyzeride«, Seite 21). Trotzdem ist natürlich auch für Frauen eine cholesterinbewusste Lebens- und Ernährungsweise sinnvoll. So gelten die gleichen Empfehlungen wie für Männer, denn Medikamente zeigen bei ihnen die gleiche Wirkung. Der einzige Unterschied scheint tatsächlich ein gewisser »Hormonschutz« zu sein, der bei Frauen in den fruchtbaren Jahren besteht.

Bis zu den Wechseljahren haben Frauen erwiesenermaßen eine Art natürlichen Schutz vor zu hohem Cholesterin. Man hat herausgefunden, dass sich der weibliche Monatszyklus in diesem Zusammenhang positiv auswirkt. Bei Frauen, die rauchen, die Antibabypille nehmen oder starkem Stress ausgesetzt sind, funktioniert dieser natürliche Schutz leider nicht in gleichem Maße.

Risikofaktoren bei Frauen

Dieser Schutz wird jedoch aufgehoben, falls eine Frau unter Zuckerkrankheit leidet – bekanntermaßen eine Krankheit, die die Cholesterinwerte in die Höhe treiben kann. Raucht eine Frau und nimmt sie gleichzeitig die Antibabypille, kann dies ebenfalls das Cholesterin erhöhen. Zudem bedeutet diese Kombination ohnehin einen Risikofaktor für diverse Erkrankungen, vor allem für Thrombosen (Blutgerinnsel in den Venen). Mittlerweile hat sich der zeitliche »Vorsprung« der Männer, an Arteriosklerose zu erkranken, bereits deutlich reduziert. Immer mehr Frauen leiden nun schon in jüngeren Jahren an Herz- oder Gefäßkrankheiten. Dies ist wohl ein negativer Nebeneffekt der Emanzipation der Frauen, die heute häufig unter enormen Belastungen stehen, weil sie zusätzlich zu Haushalt und Kindererziehung einen anstrengenden Job bewältigen müssen. Die Folge ist Stress – ein wichtiger Risikofaktor –, und häufig geht damit eine ungesundere Ernährung – Stichwort Fast Food – einher.

Stress durch Doppelbelastung macht Frauen heute auch in jungen Jahren zu Kandidatinnen für Herz- und Gefäßerkrankungen.

Nach den Wechseljahren verschwindet der natürliche Hormonschutz vollständig. Das Risiko für Arteriosklerose ist dann bei Frauen genauso hoch wie bei Männern und auch bei den Cholesterinwerten gibt es kaum noch Unterschiede.

Deshalb werden Frauen in und vor allem nach den Wechseljahren seit Jahren Hormonpräparate empfohlen. Allerdings wird die Frage, welche Frau welche Hormone bekommen soll oder muss, in Fachkreisen immer noch kontrovers diskutiert.

Dafür gibt es einen ganz einfachen Grund: Östrogene vermindern zwar nachweislich das Herzinfarktrisiko ganz erheblich, sie erhöhen jedoch – wie sich herausgestellt hat – das Risiko für Gebärmutterkrebs um mehrere hundert Prozent. Nehmen Frauen hingegen Östrogen-Gestagen-Kombinationen, die meist sogar besser verträglich sind, besteht kein zusätzliches Krebsrisiko. Offenbar wirken sich diese Medikamente aber kaum auf das Cholesterin und damit auch nicht auf das Herzinfarktrisiko aus.

Hormonbehandlungen während der Wechseljahre sind zwar aus vielerlei Gründen sinnvoll – die Beschwerden werden gelindert, die Psyche wird stabilisiert –, aber noch ist umstritten, welche Hormone am besten genommen werden sollten. Ein Arzt Ihres Vertrauens kann Ihnen sicherlich weiterhelfen.

Wozu Cholesterin gut ist

Um zu verstehen, wie es zu der Erhöhung der Blutfette und ihren langfristig gesehen schädigenden Folgen kommt, sollte man wissen, was Cholesterin überhaupt ist und welche Aufgaben es im Körper hat. Cholesterin ist ein wichtiger Baustein in unseren Zellwänden und der Isolierschicht der Nervenzellen. Außerdem gehört es zu den Grundsubstanzen für verschiedene Hormone, die wiederum Stoffwechselvorgänge steuern und das Immunsystem beeinflussen. Darüber hinaus ist Cholesterin die Grundsubstanz für Vitamin D, das im Körper produziert wird und das zur Knochenbildung und -festigung unerlässlich ist. Und nicht zuletzt ist Cholesterin auch für die Produktion verdauungsfördernder Gallensäuren notwendig.

Funktion der Lipoproteine

Einen überwiegenden Teil des Cholesterins, das wir täglich brauchen, produziert der Körper selbst, vor allem in der Leber. Um seine vielfältigen und wichtigen Aufgaben erfüllen zu können, muss das Cholesterin über das Blut in alle Zellen und Organe gelangen. Dafür sind Fett-Eiweiß-Körper, so genannte Lipoproteine, notwendig.

Cholesterin wird vor allem in der Leber hergestellt und von dort aus über das Blut zu Zellen und Organen transportiert.

Besondere Bedeutung hierbei kommt den Lipoproteinen niedriger Dichte, abgekürzt LDL (englisch: low density lipoproteins), zu. Sie transportieren das Cholesterin und sorgen dafür, dass es vom Blut aufgenommen werden kann.

Fast ebenso wichtig sind die Lipoproteine hoher Dichte: HDL, (englisch: high density lipoproteins). Sie nehmen überflüssiges LDL aus dem Blut auf und transportieren es zur Leber zurück, in der es zu Gallensäuren abgebaut werden kann.

Für das Risiko von Herz- und Gefäßkrankheiten spielt noch eine weitere Art von Blutfetten eine Rolle: die Triglyzeride (Neutralfette). Ein zu hoher Wert ist gemeinsam mit den HDL- und LDL-Werten zu betrachten.

HDL, LDL, Triglyzeride

»Schlechtes« LDL – »gutes« HDL

Sicher haben Sie schon von »schlechtem« und »gutem« Cholesterin gehört. Diese Unterscheidung macht tatsächlich Sinn, denn Cholesterin ist grundsätzlich lebensnotwendig – allerdings nur bis zu einer bestimmten Menge.

»Schlecht« wird das LDL, falls zu viel davon vorhanden ist. Überschüssiges LDL wird nämlich von Blutzellen, den Makrophagen, aufgenommen. Haben diese sich so richtig vollgesogen, werden sie zu Schaumzellen, die sich an den Arterienwänden ablagern, mit der Zeit verkalken und somit die Blutgefäße schädigen, verengen – schlimmstenfalls verstopfen. Dadurch entsteht die Arteriosklerose, auch Arterienverkalkung genannt.

Im Gegensatz zu dem »schlechten« LDL wird das HDL als »gutes« Cholesterin bezeichnet, weil es vor allem dazu da ist, LDL-Überschuss aus dem Blut zu entfernen und somit Ablagerungen zu verhindern.

»Schlechtes« Cholesterin, »gutes« Cholesterin, Arterienverkalkung – diese Begriffe sind mittlerweile in aller Munde. Was jedoch genau dahinter steckt, ist oft nicht bekannt. Dieses Kapitel beseitigt alle Unklarheiten zu diesen Punkten.

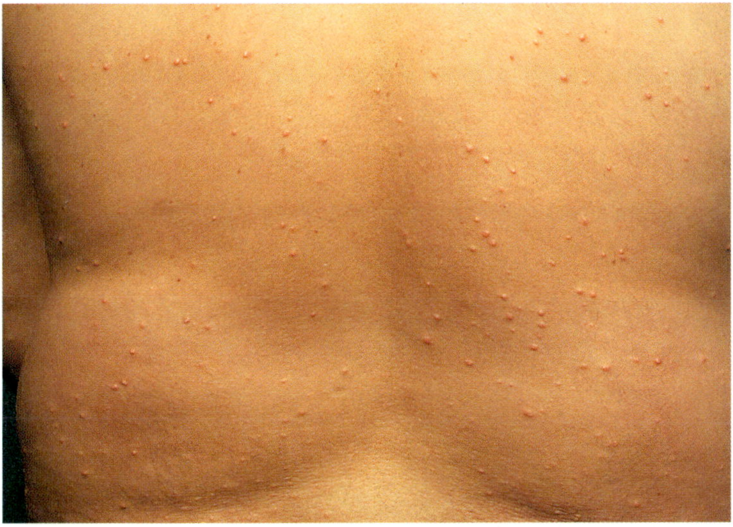

Blutzellen nehmen überschüssiges LDL auf und werden zu Schaumzellen, die die Blutgefäße verengen. Diese Schaumzellen können auch am Rücken in Form von kleinen Knötchen sichtbar werden.

Triglyzeride

Die Triglyzeride sind ebenfalls wichtig für verschiedene Körperfunktionen, doch auch bei diesen so genannten Neutralfetten sind zu hohe Werte riskant. Dann wird, vereinfacht ausgedrückt, das Blut zähflüssiger und dicker, der Blutfluss insgesamt langsamer. Dadurch können sich schneller Blutgerinnsel bilden, die wiederum häufig der Grund für Arterienverschluss, Herzinfarkt oder Schlaganfall sind.
Bei einem zu hohen Cholesterinspiegel ist dieses Risiko natürlich noch größer. Wir müssen also die Triglyzeridwerte immer zusammen mit den Cholesterinwerten betrachten und bewerten.

Lassen Sie Ihre Blutwerte checken

Wir sollten im Blut möglichst kein überflüssiges LDL, dafür reichlich HDL und genau die richtige Menge Triglyzeride haben.

Weil ein Missverhältnis nicht ohne weiteres zu spüren ist, sollten Sie auf jeden Fall beim Arzt Ihre Blutfette messen lassen. Das wird normalerweise bei einem Check-up gemacht, auf den Erwachsene über 35 alle zwei Jahre Anspruch haben (gibt es eine Veranlagung zu erhöhtem Cholesterin in der Familie, sollten auch Kinder untersucht werden). Für die Untersuchung müssen Sie mindestens zwölf Stunden, in der Regel über Nacht, nüchtern bleiben, ehe Ihnen der Arzt Blut aus der Vene abnimmt. Das Blut wird im Labor untersucht und das Ergebnis liegt meist nach ein paar Tagen vor.

WIE VIEL CHOLESTERIN IST GESUND?

Cholesterin	günstig	bedenklich	zu behandeln
Gesamt	150-200	200-250	über 250
LDL	unter 135	135–175	über 175
HDL	über 45	35–45	unter 35
Triglyzeride	unter 200	200–400	über 400

(Werte in Milligramm pro Deziliter Blutplasma; mg/dl)

OPTIMALES VERHÄLTNIS VON HDL, LDL UND TRIGLYZERIDEN

Man kann den LDL/HDL-Quotienten (LDL geteilt durch HDL) heranziehen, um das richtige Verhältnis von HDL, LDL und Triglyzeriden zu bestimmen. Ideal ist ein Quotient unter drei. Zwischen drei und vier gilt er noch als normal, über vier als riskant. Beispiel: Haben Sie ein Gesamtcholesterin von 220 mg/dl, einen HDL-Wert von 90 und einen LDL-Wert von 135, ist der LDL/HDL-Quotient 135 : 90 = 1,5 – also sehr günstig. Falls Ihre Triglyzerid-Werte zudem unter 200 liegen, und keine weiteren Risikofaktoren (Rauchen, hoher Blutdruck etc.) bestehen, brauchen Sie sich wegen des Gesamtcholesterinwertes keine Sorgen zu machen.

Wie viel Cholesterin braucht der Mensch?

Ältere Menschen haben meist mehr Cholesterin im Blut als jüngere oder Kinder. Eine wichtige Rolle spielt zudem das Verhältnis von LDL und HDL. Je höher der HDL-Wert, also die Menge der Lipoproteine hoher Dichte, die überschüssiges LDL aus den Blutbahnen entfernen, umso besser. Ein hoher LDL-Wert und ein hoher HDL-Wert sind weniger ungesund als ein hoher LDL-Wert und ein niedriger HDL-Wert.

HDL-Werte lassen sich durch Ernährung und sportliche Betätigung beeinflussen.

Vorausgesetzt Sie sind ansonsten gesund, leiden nicht bereits an einer Gefäßkrankheit und Ihre Cholesterinwerte sind im Grenzbereich, dann ist es bestimmt nicht notwendig, jede Woche beim Arzt das Cholesterin messen zu lassen oder in Panik zu verfallen und voller Angst auf den Herzinfarkt zu warten. Denn die Angst erzeugt Stress und dieser kann seinerseits die Cholesterinwerte in die Höhe treiben – und das kann leicht zum Teufelskreis werden.

Cholesterin und Ernährung

Die richtige Ernährung steigert Wohlbefinden und Lebensfreude.

Wir essen heute fast alle zu fett und zu cholesterinreich. Natürlich gibt es eine Reihe von Menschen, denen das gar nichts ausmacht. Sie vertragen alles und haben stets unbedenkliche Werte. Diese Glücklichen müssen sich weiter keine Gedanken machen. Wenn Ihnen der Arzt allerdings zu hohe Cholesterinwerte bescheinigt, sollten Sie als erstes Ihre Ernährung unter die Lupe nehmen.

Die richtige Ernährung ist das A und O

Wenn Sie Ihren Speiseplan genau und kritisch überprüfen, werden Sie vermutlich sehr schnell feststellen, woher die hohen Cholesterinwerte kommen. Und damit zeigt sich Ihnen schon eine Möglichkeit auf, die Blutfette wieder auf ein Normalmaß zu reduzieren: Tauschen Sie die »falschen« Nahrungsmittel gegen »richtige« ein.

Dies bedeutet meist eine ziemliche Umstellung, anfangs auch ein wenig Rechnerei. Doch schließlich ist es gar nicht so schwierig, wie es im ersten Moment aussieht. Denn es geht keineswegs um die Einhaltung einer strengen Diät, sondern lediglich darum, seine Ernährungsgewohnheiten umzustellen.

Wo Sie anfangs noch zählen und rechnen müssen, werden Sie bald ein sicheres Gespür für die richtigen Nahrungsmittel entwickeln.

Wichtig: der Spaß am Essen

Eine gesunde und cholesterinbewusste Ernährung soll und kann Ihnen die Freude am Essen nicht verderben. Macht es denn nicht schon allein Spaß, gutes Essen ohne schlechtes Gewissen zu genießen? Zu wissen, dass man dabei etwas für seine Gesundheit tut? Und das Beste an einer cholesterinbewussten Ernährungsweise: Schon nach wenigen Wochen kosequentem Durchhalten lässt sich fast immer ein deutlicher Erfolg messen.

Eine Ernährungsumstellung lohnt sich in jedem Fall. Auch dann, wenn das zu hohe Cholesterin nicht ausschließlich vom fetten Essen kommt, sondern genetisch oder krankheitsbedingt ist. Das haben zahlreiche medizinische Forschungsergebnisse gezeigt.

Den Einfluss, den unsere Ernährung auf unsere Gesundheit und unser Wohlbefinden hat, kann man gar nicht hoch genug einschätzen. Auch wissenschaftliche Untersuchungen haben dies immer wieder bestätigt.

Eine schottische Studie beweist es

Wie wirkungsvoll eine gezielte und konsequente Änderung der Ernährungs- und Lebensweise bei zu hohem Cholesterin ist, zeigte beispielsweise eine schottische Studie Anfang der neunziger Jahre. Dabei wurden Personen untersucht, die bereits an einer koronaren Herzkrankheit litten.

Ein Teil der Patienten, die sich alle freiwillig zu dieser Untersuchung gemeldet hatten, erhielt lediglich allgemeine Ratschläge, wie weniger zu rauchen, ein bisschen mehr Bewegung, Stress reduzieren und beim Essen aufs Fett achten. Die andere Gruppe durfte sich nur strikt vegetarisch ernähren und wurde dafür intensiv geschult. An tierischen Produkten waren lediglich Eiweiß, extrem fettarme Milch und Milchprodukte erlaubt. Dazu kam ein Bewegungstraining von mindestens drei Stunden pro Woche. Die Patienten wurden zusätzlich in Entspannungstechniken wie Yoga oder autogenem Training unterrichtet, in Gruppensitzungen konnten sie über ihre täglichen Probleme reden.

Die Ergebnisse dieser Maßnahmen waren beeindruckend. Schon nach drei Monaten fühlten sich die Teilnehmer, die sich an das strenge Programm hielten, deutlich wohler, ihre Herzbeschwerden waren erheblich zurückgegangen. Obwohl die

Fast Food, das meist sehr fetthaltig ist, lässt die Cholesterinwerte in die Höhe schnellen.

Kur sehr aufwendig war, wollten sie weitermachen und diese Lebensweise auch nach dem Studienprogramm beibehalten. Nach einem Jahr hatten die Versuchspersonen erheblich günstigere Cholesterinwerte und eine Herzkatheter-Untersuchung bewies, dass die Verengung ihrer Herzkranzgefäße deutlich zurückgegangen war. Bei der Kontrollgruppe, die nur allgemeine Ratschläge befolgt hatte, waren die Werte gleich geblieben oder sogar schlechter geworden.

Diese Studie zeigt eindrucksvoll, wie wirksam eine Änderung der Ess- und Lebensgewohnheiten bei zu hohen Cholesterinwerten ist. In diesem Fall sogar auch dann noch, wenn bereits eine Erkrankung der Gefäße vorliegt.

Keine Sorge – unsere Cholesterinkur verlangt keine Wunder von Ihnen. Ein wenig Umgewöhnung und Durchhaltevermögen sind allerdings schon nötig, wenn Sie Erfolge erzielen möchten.

Konsequent sein

Haben Sie »nur« erhöhte Cholesterinwerte, sind sonst aber gesund, ist es vermutlich nicht notwendig, solche weitgehenden Maßnahmen einzuführen. Für die Kur, die in diesem Buch beschrieben wird, müssen Sie Ihr Leben auch nicht radikal ändern, wenn Sie bisher nicht extrem ungesund gelebt haben. Die Vorschläge in diesem Buch werden Ihnen aber auf jeden Fall helfen, Ihr Cholesterin in den Griff zu bekommen und damit Gefäßkrankheiten zu vermeiden. Dabei ist es wichtig, nicht nur in einem Bereich vorzugehen. Ausgewogene Ernährung, Gewichtskontrolle, regelmäßige Bewegung und richtiger Umgang mit Stress sind die vier Säulen, von denen eine gesunde Lebensweise getragen wird. Und nur eine Veränderung in all diesen Bereichen macht unsere Kur erfolgreich.

Gesunde Mischkost

Der Körper eines jeden Menschen braucht ganz bestimmte Nährstoffe zum Überleben. Diese sind immer die gleichen, nämlich Eiweiße, Kohlenhydrate, Fette, Vitamine und Mineralstoffe. Allerdings sind die Bedarfsmengen unterschiedlich, je nachdem, ob der Mensch ein Kind, ein Mann, eine Frau ist, ob er schwer körperlich arbeitet oder sich wenig bewegt, ob er jung oder alt ist.

Die Ernährungswissenschaft hat ihre umfassenden Kenntnisse darüber, wie die ideale Ernährung aussehen sollte, in eine konkrete Empfehlung umgewandelt: Sie schlägt eine möglichst abwechslungsreiche Mischkost vor.

Für den Einzelnen wäre es ziemlich mühsam und kaum zu schaffen, täglich seinen genauen Nährstoffbedarf zu berechnen. Diese Arbeit haben sich Wissenschaftler gemacht und für jedermann leicht ausführliche Empfehlungen zur Ernährung gegeben, um Mangelerscheinungen zu vermeiden.

Abwechslung ist das Allerwichtigste

Wichtig sind reichlich Abwechslung und die richtige Gewichtung der verschiedenen Lebensmittel. Jede Einseitigkeit schadet der Gesundheit, weil man dabei entweder von notwendigen Bestandteilen zu wenig oder von ungesunden zu viel bekommen kann. Am besten setzt sich der tägliche bzw. wöchentliche Speiseplan aus den verschiedenen Nahrungsgruppen zusammen, besteht also aus einer Mischkost:

- Fleisch, Fisch, Eier (ein- bis zweimal pro Woche)
- Milch- und Milchprodukte (täglich normale Mengen)
- Obst und Gemüse (täglich reichlich)
- Getreide und Getreideprodukte (täglich, am meisten)
- Getränke (täglich mindestens zwei Liter, besser mehr)
- Fett, Öl (sparsam, am besten nur aus Pflanzen gewonnenes)

Müssen Sie auf Ihren Cholesterinspiegel achten, kommt es ganz besonders auf die Mischung und auf die Mengen dessen an, was Sie essen.

Deshalb sollten Sie wissen, welche Nährstoffe Sie brauchen und worin sie enthalten sind.

Eiweiß

Eiweiß ist ein Grundbaustein unseres Körpers. Wir benötigen es zum Aufbau und Erhalt unserer Zellen und Muskeln, unserer Haut, außerdem zur Produktion von Hämoglobin (roter Blutfarbstoff, der Sauerstoff in die Zellen und Organe transportiert) und für unsere Hormone und Antikörper, also für unser Immunsystem. Eiweiß besteht aus 20 verschiedenen Aminosäuren (Eiweißbausteine). Acht davon kann der Körper nicht selbst herstellen (essentielle Aminosäuren), sie müssen mit der täglichen Nahrung aufgenommen werden.

Lebensnotwendige Nährstoffe sind Eiweiß, Kohlenhydrate, Fett, Vitamine und Mineralstoffe.

Die wichtigsten Eiweißlieferanten sind Fleisch, Fisch, Eier, Milch und Käse. Alle diese Nahrungsmittel enthalten tierisches Eiweiß, das unser Körper besonders gut verwerten kann. Allerdings sind sie auch cholesterin- und fettreich, sollten also reduziert werden, falls Sie Ihren Cholesterinspiegel senken wollen. Was bedeutet das aber konkret für Ihre Ernährung? Das heißt zum einen, dass Sie einfach weniger davon essen sollten, zum anderen ist darauf zu achten, magere Produkte aus dieser Nahrungsmittelgruppe zu sich zu nehmen. Es gibt aber auch pflanzliche Eiweißlieferanten, die überhaupt kein Cholesterin enthalten und deshalb sehr zu empfehlen sind: Nüsse, Kartoffeln, Getreideprodukte und Hülsenfrüchte wie Erbsen, Bohnen, Linsen, Kichererbsen usw.

Man sollte etwa die Hälfte des täglichen Eiweißbedarfes mit tierischen Eiweißen decken. Am günstigsten ist es also, wenn Sie pflanzliche Eiweiße mit tierischen kombinieren, etwa Brot mit Käse oder Kartoffeln mit Quark essen. In solchen Verbindungen sind beide Eiweiße für den Körper am wertvollsten.

Niemand, der sich halbwegs abwechslungsreich ernährt, muss sich über eine ausreichende Eiweißversorgung Gedanken machen. Wir essen insgesamt eher zu viel als zu wenig Eiweiß, was Nieren und Leber stark belasten kann. Normalerweise benötigen wir täglich etwa 0,8 Gramm pro Kilogramm Körpergewicht. Das sind bei 65 Kilogramm Gewicht rund 55 Gramm Eiweiß – enthalten z. B. in 200 Gramm Schweineschnitzel oder in rund 100 Gramm getrockneten Sojabohnen. Ein erhöhter Eiweißbedarf liegt bei folgenden Personengruppen vor: Schwangere Frauen benötigen etwa 75 Gramm, Hochleistungssportler oder schwer körperlich arbeitende Menschen sogar bis zu 100 Gramm.

Der durchschnittliche tägliche Eiweißbedarf beträgt 0,8 Gramm pro Kilogramm Körpergewicht.

Wer Hochleistungssport betreibt, muss auf eine höhere Eiweißzufuhr achten.

Zu den wichtigsten Eiweißlieferanten zählen Milch und Milchprodukte, Fleisch, Fisch und Eier. Die darin enthaltenen tierischen Eiweiße sind sehr fett- und cholesterinreich, dennoch werden sie vom menschlichen Körper sehr gut verwertet.

EIWEISSREICHE NAHRUNGSMITTEL

Tierisches Eiweiß

Lebensmittel	*Menge*	*Eiweiß*
Trinkmilch, entrahmt	200 g	7,0 g
Hartkäse, 45% Fett i. Tr.	30 g	8,7 g
Weichkäse, 10% Fett i. Tr.	30 g	9,0 g
Quark, mager	50 g	6,8 g
Schinken, ohne Fettrand	30 g	8,9 g
Forelle	100 g	19,5 g
Garnelen, Krabben	100 g	18,6 g
Makrele, geräuchert	100 g	20,7 g
Truthahn	100 g	19,2 g
Brathuhn	100 g	19,9 g
Rinderfilet	100 g	21,2 g
Schweineschnitzel	100 g	22,2 g

Pflanzliches Eiweiß

Lebensmittel	*Menge*	*Eiweiß*
Haferflocken	60 g	7,4 g
Vollkornreis	60 g	4,4 g
Vollkornweizen	60 g	6,8 g
Erdnüsse	30 g	7,8 g
Mandeln	30 g	5,7 g
Weiße Bohnen, getrocknet	75 g	16,5 g
Erbsen, getrocknet	75 g	17,3 g
Linsen	75 g	17,6 g
Sojabohnen, getrocknet	75 g	25,3 g
Kartoffeln, roh	250 g	5,0 g
Kohlrabi	200 g	4,0 g
Lauch	200 g	3,6 g

Kohlenhydrate

Sie sind sozusagen der Treibstoff, der unseren Körper am Laufen hält. Kohlenhydrate liefern die notwendige Energie und sind für die Hirntätigkeit unerlässlich. Etwa die Hälfte der täglich benötigten Kalorien sollte in einem gesunden Speiseplan aus Kohlenhydraten bestehen, das sind rund 300 Gramm. Unterschieden werden zwei Arten von Kohlenhydraten: die Einfachzucker und die Mehrfachzucker (komplexe Kohlenhydrate). Man kann auch sagen: Zucker und Stärke. Chemisch besteht zwischen diesen wenig Unterschied, und auch die Verwertung im Körper ist dieselbe. Dennoch spielt es im Rahmen einer gesunden Ernährung eine wichtige Rolle, welche Art von Kohlenhydraten bzw. Zucker wir zu uns nehmen.

Kohlenhydrate sind zwar wichtige Energiespender für unseren Körper, doch nur bis zu einer bestimmten Menge. Alles, was darüber hinausgeht, ist schädlich und kann zu Krankheiten führen, etwa zu Arteriosklerose.

Einfachzucker

Einfachzucker, der mit dem Fachbegriff Monosaccharide bezeichnet wird, wird besonders schnell ins Blut aufgenommen und enthält keine weiteren Nährstoffe. Eine zu große Menge davon in unserer Nahrung könnte dazu beitragen, dass

Ab und zu ist auch einmal eine kleine Leckerei erlaubt – doch Vorsicht, ein Zuviel an Süßigkeiten überschwemmt den Körper mit »leeren« Kalorien!

Die Empfehlung für Zucker lautet ganz einfach: Sparsam damit umgehen, denn es sind »leere Kalorien«!

der Triglyzeridspiegel ansteigt. Zu den Einfachzuckern zählt praktisch alles, was süß schmeckt: Traubenzucker (Glukose), Rüben- oder Rohrzucker (Saccharose), Fruchtzucker (Fruktose), Milchzucker (Laktose), Malzzucker (Maltose) und Zuckeraustauschstoff (Sorbit). Süßigkeiten, Kekse, Kuchen oder purer Zucker erhöhen zwar auf der einen Seite den Kohlenhydrat- und Kalorienanteil in unserer Nahrung, bringen aber dem Körper sonst recht wenig. Deshalb wird bei diesen Leckereien auch von »leeren Kalorien« gesprochen. Sie sind zwar in einem gesunden Ernährungsplan keineswegs verboten – Spaß beim Essen muss schließlich sein –, man sollte aber sparsam damit umgehen. Mehr als 10 bis 15 Prozent des Kohlenhydratanteils unserer Nahrung sollten sie nicht ausmachen.

Mehrfachzucker – Stärke

Mehrfachzucker bzw. Stärke (Polysaccharide) wird langsam vom Körper aufgenommen. In stärkereichen Nahrungsmitteln sind außer Kohlenhydraten zusätzlich lebenswichtige Vitamine, Mineralstoffe, meist auch Ballaststoffe enthalten. Der Blut-

Ob Rohrzucker, Kandiszucker oder Kristallzucker – sie alle führen zu Übergewicht und einem Anstieg des Triglyzeridspiegels.

STÄRKEREICHE NAHRUNGSMITTEL	
Lebensmittel, jeweils 100 Gramm	Stärke in Gramm
Roggenbrot	40,0
Weizenbrötchen	45,4
Weizenvollkornbrot	30,6
Zwieback	48,6
Vollkornnudeln	59,0
Weiße Bohnen	38,0
Linsen	49,5
Buchweizen	70,6
Gerste	64,4
Haferflocken	60,6
Mais	61,6
Naturreis	72,8
Cornflakes	77,7

zuckerspiegel bleibt stabiler, das Gefühl der Sättigung hält länger an. Deshalb sind für die optimale Kohlenhydratversorgung stärkehaltige Nahrungsmittel wie Kartoffeln, Vollkornprodukte, Reis, Nudeln und Gemüse vorzüglich geeignet.

Eine gesunde Vollwertkost, wie sie von der Deutschen Gesellschaft für Ernährung empfohlen wird, zeichnet sich durch einen hohen Gehalt an Kohlenhydraten in Form von Mehrfachzuckern aus.

Fett

Es stimmt zwar, dass wir Wohlstandsbürger viel zu viel Fett essen. Und es ist ebenfalls richtig, dass wir, wenn wir unser Cholesterin senken wollen, Fett reduzieren müssen. Trotzdem können wir nicht einfach alles Fett aus der Nahrung weglassen. Erstens, weil dies praktisch unmöglich ist. Und zweitens darf nicht vergessen werden, dass Fett ein lebensnotwendiger Nährstoff ist und viele wichtige Aufgaben im Körper erfüllt.

Fett ist ein konzentrierter Energielieferant – ein Gramm Fett hat neun Kalorien, doppelt so viel wie ein Gramm Kohlenhy-

Der Ausdruck »Kalorien« hat sich in unserem Sprachgebrauch eingebürgert. Wer ganz korrekt sein will, müßte eigentlich von »Kilokalorien« sprechen. 1 Kilokalorie sind 1000 Kalorien!

drate. Fette erfüllen eine ganze Reihe wichtiger Aufgaben im Körper: Sie liefern die unentbehrlichen Fettsäuren, sorgen dafür, dass der Körper bestimmte (fettlösliche) Vitamine aufnehmen kann, sie sind Bestandteil unserer Zellwände und unser Wärmeschutz.

Um gesund zu bleiben, brauchen wir höchstens 30 Prozent der täglichen Kalorien in Form von Fett. Das sind für einen Erwachsenen 65 bis 80 Gramm. Tatsächlich essen die meisten Menschen aber erheblich mehr; im Durchschnitt rund 130 Gramm. Um einen bereits erhöhten Cholesterinwert zu senken, sollte der Fettkonsum sogar noch um mehr als die empfohlenen 30 Prozent der täglichen Kalorienanzahl eingeschränkt werden. Denn mit vielen Fetten nehmen wir auch zu große Mengen von Cholesterin zu uns.

Gesättigte und ungesättigte Fettsäuren

Nun ist, wie wir bereits erfahren haben, Fett nicht gleich Fett. Es gibt Fett tierischen und pflanzlichen Ursprungs. Chemisch werden die Fette in gesättigte, einfach ungesättigte und mehr-

Eine typische »Westfälische Brotzeit« mit geräuchertem Schinken und Schnaps erfreut zwar den Gaumen, treibt aber auch die Blutfettwerte in die Höhe.

fach ungesättigte Fettsäuren unterteilt. Von den gesättigten Fettsäuren, die hauptsächlich aus der tierischen Nahrung kommen (Fleisch, Wurst, Milch, Käse), ist bekannt, dass sie das schädliche LDL erhöhen. Einfach ungesättigte Fettsäuren (z. B. in Olivenöl) senken hingegen das LDL und erhöhen das gute HDL. Mehrfach ungesättigte Fettsäuren (z. B. in Mais- und Distelöl) senken zwar den Gesamtcholesterinspiegel, leider aber auch das HDL. In eine gesunde, ausgewogene Ernährung gehören alle drei Arten der Fettsäuren – am besten zu je einem Drittel.

Die Mittelmeerküche ist nicht nur sehr wohlschmeckend, sondern auch sehr gesund. Denn die Gerichte werden fast immer mit Olivenöl zubereitet, das einfach ungesättigte Fettsäuren enthält. Diese senken das schädliche LDL und erhöhen das gute HDL.

Sparsam mit tierischen Fetten

Um das erhöhte Cholesterin zu senken, ist vor allem bei den Fetten tierischen Ursprungs (Fleisch, Wurst, Eier, Milch) Vorsicht geboten. Sie enthalten nämlich vorwiegend gesättigte Fettsäuren und reichlich Cholesterin.

Eine Ausnahme in der Gruppe der tierischen Fette bilden die Fische. Deren Fette sind reich an mehrfach ungesättigten Fettsäuren und deshalb günstiger als die Fette in Fleisch und Wurst. Pflanzenfette (außer Kokos- und Palmkernfett und viele gehärtete Öle) enthalten ebenfalls einfach und mehrfach ungesättigte Fettsäuren und zudem kein Cholesterin. Die mehrfach ungesättigten Fettsäuren wirken sich günstig auf den Triglyzeridspiegel aus.

Achten Sie bei Ihrer Nahrungsumstellung also darauf, zukünftig insgesamt nicht zu viel Fett und dabei möglichst wenig tierische, dafür aber reichlich pflanzliche (außer Kokos- und Palmfett) Fette zu sich zu nehmen.

Ungesunde Trans-Fettsäuren

Ein Erwachsener braucht täglich nur 65 bis 80 Gramm Fett.

Eine Sorte der ungesättigten Fettsäuren, nämlich die so genannten Trans-Fettsäuren, gehören zu den ungesunden Fetten. Sie verhalten sich im Körper wie gesättigte Fettsäuren, erhöhen die

SO VERTEILEN SICH DIE FETTSÄUREN	gesättigte Fett-säuren	einfach ungesättigte Fettsäuren	mehrfach ungesättigte Fettsäuren
Diät Margarine	20–25%	15–20%	60%
Diät Speiseöl	10–12%	15–20%	60–70%
Vollwert Distelöl	9%	11%	80%
Vollwert Pflanzenmargarine	25%	20%	55%
Diäthalbfett Margarine	20–25%	20–25%	55–60%
Kürbiskernöl	15–21%	24–30%	58–60%
Keimöl	12–15%	25–27%	58–60%

Klebrigkeit der Blutblättchen und damit das Risiko von Blutgerinnseln. Außerdem tragen sie zur Erhöhung des schädlichen LDL-Cholesterins bei und können das günstige HDL-Cholesterin senken. Trans-Fettsäuren stehen außerdem im Verdacht, an der Entstehung mancher Krebsarten (zum Beispiel Dickdarmkrebs) beteiligt zu sein.

Trans-Fettsäuren sind in Milch- und Rinderfett enthalten, außerdem in Rindfleisch, Lamm- und Hammelfleisch, geringfügig auch in Schweinefleisch. Außerdem entstehen Trans-Fettsäuren beim Härten von Pflanzenölen. So kann beispielsweise billige Margarine bis zu 20 Prozent Trans-Fettsäuren enthalten, Diät- oder Markenmargarine dagegen maximal fünf Prozent. Auch pflanzliche Back- und Frittierfette weisen meist einen hohen Anteil an Trans-Fettsäuren auf. Das gleiche gilt, wenn auch in etwas geringeren Maßen, für Süßigkeiten, Kekse und Kuchen.

Trans-Fettsäuren sind in gehärteten Pflanzenölen sowie in Milch- und Rinderfett enthalten. Außerdem finden wir sie in verschiedenen Fleischsorten wie Rind- und Lammfleisch.

Kaufen Sie fertige Gerichte oder Fette ein, sollten Sie stets die Auflistung der Inhaltsstoffe lesen und darauf achten, ob gehärtete Pflanzenöle angegeben sind. Ist das der Fall, müssen Sie damit rechnen, dass das Produkt auch einen gewissen Anteil an Trans-Fettsäuren hat. Ungehärtete Pflanzenöle enthalten zwar keine Trans-Fettsäuren. Diese können jedoch beim Erhitzen entstehen, so dass auch hier Vorsicht geboten ist.

Vorsicht bei Fertiggerichten: Wenn diese gehärtete Pflanzenöle enthalten, weichen Sie besser auf andere Produkte aus. Denn bei diesen Fertiggerichten müssen Sie mit ungesunden Trans-Fettsäuren rechnen.

Vitamine

Vitamine sind zwar nur in äußerst geringen Mengen nötig – der tägliche Bedarf liegt im Milligrammbereich –, dafür aber absolut lebensnotwendig. Sie sind an allen Körperfunktionen, am Stoffwechsel und am Wachstum beteiligt. Der Körper kann sie bis auf einige Ausnahmen weder selbst produzieren noch in ausreichender Menge speichern. Deshalb müssen sie regelmäßig mit der Nahrung zugeführt werden.
Eine gesunde, ausgewogene Mischkost mit Obst, Gemüse, Vollkornprodukten, Milch und Milchprodukten, Fleisch und Fisch enthält in der Regel alle wichtigenVitamine. Eine zusätzliche Vitamineinnahme in Form von Dragees oder Brausetabletten ist deshalb nicht notwendig.

Frisches Obst ist das ganze Jahr über erhältlich. Es sollte auf dem täglichen Speiseplan nicht fehlen.

Die fettlöslichen Vitamine A, D, E und K kann der Körper nur verwerten, wenn sie zusammen mit Fett aufgenommen werden.

Man unterscheidet wasserlösliche und fettlösliche Vitamine. Die Vitamine A, D, E und K sind fettlöslich, das bedeutet, der Organismus kann sie nur verwerten, wenn sie zusammen mit Fett aufgenommen werden. Aus diesem Grund sollte man Möhrenrohkost immer mit einem Tropfen Öl mischen. Der Körper kann diese Vitamine speichern, was zur Folge hat, dass eine Überdosierung zu gesundheitlichen Beschwerden führen kann. Alle übrigen Vitamine – Vitamin C und die Gruppe der acht B-Vitamine – sind wasserlöslich. Ein Zuviel wird mit dem Urin ausgeschieden.

Mineralstoffe

Unter Mineralstoffen versteht man die so genannten Spurenelemente (weil sie bereits in tausendstel oder millionstel Gramm wirksam sind) und die Mengenelemente, von denen man täglich einige Gramm benötigt. Zu den Spurenelementen gehören Eisen, Jod, Fluor, Mangan, Kupfer, Zink und Selen. Mengenelemente sind Natrium, Kalium, Kalzium, Phosphor, Magnesium und Chlorid.

Bananen enthalten nur wenig Eiweiß und Fett, dafür aber reichlich Kalium und den Wirkstoff Serotonin, der stimmungsaufhellend wirkt.

MINERALSTOFFHALTIGE LEBENSMITTEL

- Hülsenfrüchte (Kalium, Mangan, Magnesium, Phosphor)
- Gemüse (Eisen, Kalium, Mangan)
- Milch, Käse, Jogurt, Quark (Kalzium)
- Fisch (Jod, Phosphor, Fluor)
- Vollkornprodukte (Phosphor, Magnesium, Eisen, Fluor, Kupfer, Zink)
- Fleisch (Eisen, Phosphor, Zink)
- Haferflocken (Magnesium, Eisen, Mangan)
- Bananen (Magnesium)
- Nüsse (Kupfer, Mangan)

Mineralstoffe haben ebenso wie Vitamine lebenswichtige Aufgaben im Körper. Sie sind unter anderem am Knochenaufbau, Energiestoffwechsel, an der Blutgerinnung sowie an der Nerven- und Muskelfunktion beteiligt.

Obwohl wir Lebensmittel im Überfluss haben, treten bei der Mineralstoffversorgung leicht Engpässe auf, denn Mineralstoffe reagieren sehr empfindlich auf Licht und Hitze. So werden sie beim Kochen oder Waschen von Gemüse häufig ausgeschwemmt und anschließend mit der Garflüssigkeit weggeschüttet. Vor allem Frauen, manchmal auch Kinder, leiden gelegentlich an einem Mangel an Kalzium und Eisen. Dies betrifft in verstärktem Maß schwangere Frauen, denn bei ihnen erhöht sich der Kalziumbedarf, ebenso wie später in der Stillzeit, um gut die Hälfte. Außerdem gilt ganz Deutschland als Jodmangelgebiet, doch Jod ist für die Funktion der Schilddrüse unbedingt in ausreichender Menge erforderlich.

Da der menschliche Körper Mineralstoffe nicht in ausreichendem Maße selbst herstellen kann, müssen wir diese Stoffe über unsere Nahrung zu uns nehmen. Eine ungenügende Zufuhr führt zu Mangelerscheinungen.

Besteht der Verdacht auf eine Mangelversorgung, sprechen Sie mit Ihrem Arzt. Mineralstoffmedikamente sollten niemals auf eigene Faust eingenommen werden. Sie können Nebenwirkungen haben und bei Überdosierung sogar zu Schäden führen. Am besten beugen Sie Mangelerscheinungen vor, indem

Sie bei Ihrer Ernährung auf ausreichend frisches Gemüse achten (Garflüssigkeit mitverwenden!). Aber auch Seefisch, Milchprodukte und mageres Fleisch enthalten reichlich Mineralstoffe wie Zink, Eisen, Kalzium oder Jod.

Vorsicht, versteckte Fette!

Weniger Fett essen! Dies ist das oberste Gebot zur Senkung des Cholesterinspiegels.

Das Fett – vor allem die gesättigten Fettsäuren – in der Nahrung zu reduzieren, ist das erste Gebot, wenn man einen erhöhten Cholesterinspiegel senken möchte. Nun werden Sie vielleicht sagen, dass Sie gar nicht so fett essen. Doch täuschen Sie sich nicht. Wie Ernährungsfachleute herausgefunden haben, ist der Hauptanteil der Fettmengen, die wir täglich verzehren, verstecktes Fett. Das heißt, es ist Fett, das in Lebensmitteln enthalten, aber nicht zu sehen ist. Einige Beispiele für Nahrungsmittel, in denen verstecktes Fett enthalten ist, sind: durchwachsenes Fleisch, Wurst, Pasteten, Käse, Vollmilch, Sahne, die knusprige Haut von gebratenem Fleisch und Geflügel, Kuchen, Kekse, Schokolade, Pudding, Müsliriegel und praktisch alle Fertiggerichte. Dazu kommt, dass die Geschmacksnerven der meisten Menschen so programmiert sind, dass ihnen fertige Speisen dann am besten schmecken, wenn sie besonders große Mengen an Fett enthalten.

Versteckte Fette sind meist »schlechte« Fette.

Von den versteckten Fetten unterscheidet man die sichtbaren Fette. Das sind die, mit denen wir unsere Speisen zubereiten, die wir aufs Brot streichen.

Den Geschmack umprogrammieren

Ungünstig ist zudem, dass die versteckten Fette meistens tierischen Ursprungs, also gesättigte Fettsäuren sind. Gerade die gilt es im Rahmen einer gesunden Ernährung aber zu vermeiden bzw. zu reduzieren. Haben Sie bisher überhaupt nicht auf die Zusammensetzung Ihrer Nahrung geachtet, wird es für Sie sicher eine größere Umstellung sein, auf Fettarmes umzusteigen. Doch Sie können sich darauf verlassen: Haben Sie erst eine Weile »mager« gegessen, werden Sie so großen Geschmack an diesen Speisen finden, daß Ihnen Fettes immer weniger schmecken wird. Denn der Geschmack lässt sich umprogrammieren. Beginnen Sie langsam damit Ihre Ernährung umzustellen, und mischen Sie anfangs die fettarmen mit den gewohnten Speisen. Sonst besteht die Gefahr, dass Sie rückfällig werden und wieder zu den fetten Sachen greifen.

Cholesterinbewusst und lecker essen

Grundsätzlich müssen Sie bei Ihrer cholesterinbewussten Ernährung auf nichts Schmackhaftes verzichten. So gibt es mittlerweile für fast alle Lebensmittel, die versteckte tierische Fette enthalten, magere Alternativen. Das gilt auch für Fleisch und Wurst. Allerdings haben hier die fettarmen Angebote meist ebenso viel Cholesterin wie die fettreichen. Deshalb ist es günstig, wenn Sie Ihren Fleisch- und Wurstverzehr insgesamt einschränken. Sehen Sie sich beim Einkaufen immer die Zutatenliste auf der Packung an und wählen Sie die fettarme Variante:

- Statt Vollmilch fettarme oder Magermilch
- Quark und Jogurt in der Magerstufe
- Statt Schlagsahne Saure Sahne oder noch besser leichte Kondensmilch
- Wurst und Fleisch von der Pute, Fleisch und Schinken ohne Fettrand und nicht durchwachsen
- Statt Eiernudeln Hartweizennudeln ohne Ei
- Käse mit 30 Prozent Fettanteil anstatt mit 60 oder 70
- Weniger Kuchen, Schokolade, Eis und anderes süßes Gebäck

Weißes Geflügelfleisch hat erheblich weniger Cholesterin als dunkles Fleisch von Schwein, Rind oder Kalb.

Cholesterinbombe Ei

Ein besonderes Augenmerk gilt in diesem Zusammenhang dem Ei. Es ist ein sehr gesundes Lebensmittel, aber äußerst cholesterinreich. Ein Frühstücksei sollten Sie sich nur manchmal gönnen, denn ein einziger Eidotter enthält rund 240 Milligramm Cholesterin – damit ist der Bedarf für einen ganzen Tag gedeckt. Das Eiweiß hingegen ist cholesterinfrei. Sie können also weiterhin mit Eiern kochen, wenn Sie den Dotter weglassen. In Reformhäusern, Naturkostläden oder in gut sortierten Supermärkten gibt es cholesterinfreien Ei-Ersatz, den Sie zum Kochen, Backen oder Braten verwenden können, falls Sie nicht vollständig darauf verzichten wollen.

Innereien und Meeresfrüchte reduzieren

Auch Innereien gelten als Cholesterinbomben: 100 Gramm Leber enthalten beispielsweise über 300 Milligramm Cholesterin. Setzen Sie Innereien also gemeinsam mit den Eiern auf die Ausnahmeliste.

Auch wenn im Rahmen einer Cholesterindiät die Fette in der Nahrung reduziert werden sollten, vollständig darauf verzichten dürfen wir nicht. Denn Fette und Öle sind die einzigen Nahrungsmittel, die uns ausreichend mit mehrfach ungesättigten Fettsäuren versorgen.

Schalentiere wie Krabben, Hummer oder Schrimps haben ebenfalls einen sehr hohen Cholesterinanteil, allerdings in Verbindung mit großen Mengen mehrfach ungesättigter Fettsäuren. Sie müssen sie nicht vom Speiseplan streichen, sollten sie aber auch nicht jeden Tag essen.

Insgesamt gilt für eine cholesterinbewusste Ernährung: Die gesamte Fettmenge ist zu reduzieren, also auch die »gesunden« fetten Leckereien. Eine Menge von 30 bis 40 Gramm versteckten Fetten am Tag gilt als ideal.

Pflanzenöle, die besseren Fette

Wie schon erwähnt, sind Pflanzenöle generell die besseren Fette. Sie enthalten kaum gesättigte, dafür aber große Mengen einfach und mehrfach ungesättigte Fettsäuren.

Hohe Anteile an einfach ungesättigten Fettsäuren haben Olivenöl, Rapsöl, Haselnussöl, Sesamöl und Erdnussöl. Welche Sorte Sie verwenden wollen, ist Geschmackssache. All diese Öle haben einen intensiven Eigengeschmack, auch Olivenöl,

das sich offenbar besonders günstig auf die Blutfettwerte auswirkt, denn in den Mittelmeerländern, wo fast ausschließlich mit Olivenöl gekocht wird, gibt es kaum koronare Herzkrankheiten. Probieren Sie einfach einige Varianten aus, um ein Öl zu finden, das Ihrem Geschmack entspricht.
Mehrfach ungesättigte Fettsäuren befinden sich in großer Menge in Distelöl, Kürbiskernöl, Weizenkeimöl, Sonnenblumenöl, Walnussöl, Traubenkernöl und Leinöl. Mit allen Pflanzenölen können Sie kochen und braten.

Margarine und Butter

Zum Backen oder auch zum Kochen eignet sich auch Margarine – allerdings kommt es dabei sehr auf die Qualität an. Ist kein Anteil an ungesättigten Fettsäuren auf der Packung deklariert, sollten Sie die Finger davon lassen, denn dann enthält sie hohe Anteile an gesättigten Fettsäuren. Verwenden Sie Margarine nur, wenn mindestens 30 Prozent, besser 50 Prozent ungesättigte Fettsäuren enthalten sind. Diätmargarine und Diäthalbfettmargarine darf nur so genannt werden, wenn der Anteil an ungesättigten Fettsäuren besonders hoch ist.
Versuchen Sie einmal, Butter oder Margarine unter Wurst, Käse oder Marmelade auf dem Brot wegzulassen oder nur ganz hauchdünn zu streichen. Auch hier müssen Sie Ihren Geschmack umprogrammieren, doch wenn es Ihnen gelingt, haben Sie jede Menge Fett eingespart.
Butter ist zwar sehr gesund, aber leider ein tierisches Fett mit einem Anteil von über 50 Prozent an gesättigten Fettsäuren. Cholesterinbewusste Menschen sollten sie deshalb nur äußerst sparsam verwenden.

Geeignete Margarine muss mindestens 30 Prozent ungesättigte Fettsäuren enthalten. Ideal zum Gebrauch ist Margarine mit bis zu 50 Prozent.

Weniger ist besser

Was für die versteckten Fette gilt, trifft natürlich auf die sichtbaren ebenso zu: weniger ist besser. Ideal ist es, wenn Sie mit

Ein Tagesmaximum von 30 bis 40 Gramm Fett wäre ideal für eine cholesterinbewusste Ernährung. Um dieses Ziel zu erreichen, müssen Sie Ihre Essgewohnheiten umstellen. Nebenstehende Tabelle soll Ihnen dafür eine kleine Hilfestellung bieten.

FETT UND CHOLESTERIN – WO STECKT ES DRIN

Die Angaben beziehen sich auf jeweils 100 Gramm eines Nahrungsmittels. Fett ist in Gramm (g) angegeben. Cholesterin in Milligramm (mg).

Nahrungsmittel	Fett (g)	Cholesterin (mg)
Vollmilch, 3,5%	3,5	13
Fettarme Milch, 1,5%	1,5	6
Kakao aus Vollmilch	3,5	12
Kakao aus Magermilch	0,3	1
Buttermilch	0,5	2
Sahnejogurt, 10%	10,0	37
Magerjogurt, 0,1%	0,1	1
Kondensmilch, 10%	10,1	38
Kondensmilch, 0,2%	0,2	2
Sahne	31,0	90
Saure Sahne, 10%	10,0	37
Hüttenkäse, 20%	5,0	18
Diätfrischkäse	8,0	24
Butterkäse, 30%	16,0	37
Camembert, 30%	12,8	30
Edamer, 45%	25,4	59
Edamer, 30%	16,0	37
1 Hühnerei, 58 g	6,2	314
Eiweiß, 33 g	0,1	0
Ei-Ersatz, Reformhaus		
1 Portion = 10 g	1,0	0
Butter	82,5	230
Diätmargarine, halbfett	40,0	0
Barsch	0,8	72

FETT UND CHOLESTERIN – WO STECKT ES DRIN		
Nahrungsmittel	Fett (g)	Cholesterin (mg)
Dorsch	0,4	50
Schweinelende	2,0	55
Rinderfilet	4,0	50
Ente, Brust mit Haut	28,5	103
Brathuhn, ohne Haut	1,0	45
Kalbshaxe	8,0	80

30 bis 40 Gramm am Tag auskommen. Das entspricht etwa zwei Esslöffeln Öl und zwei gestrichenen Esslöffeln Margarine. Das ist nicht gerade viel, werden Sie denken. Doch Ihr Cholesterinspiegel wird es Ihnen danken, wenn Sie Ihre Koch- und Essgewohnheiten entsprechend umstellen.

Richtig fettarm kochen

Wenn Sie das richtige Geschirr verwenden, etwa beschichtete Pfannen und Töpfe oder einen Römertopf, kommen Sie mit ganz wenig Fett aus. Zum Dünsten, Kurzbraten oder Schmoren reicht jeweils ein Teelöffel Öl (das sind etwa fünf Gramm). Braten im Rohr können Sie völlig ohne Fett. Backen sollten Sie auf Backpapier (nicht die Form einfetten) und mit hochwertiger Margarine, die reichlich ungesättigte Fettsäuren enthält. Zu Rohkost und Salat ist ebenfalls ein Teelöffel Öl ausreichend. Frittiertes ist sehr fett. Wenn Sie nicht ganz darauf verzichten wollen, lohnt es sich, auf Diätpflanzenfett, Oliven- oder Erdnussöl auszuweichen.

Anstatt Fett beim Garen Wasser zu verwenden ist ebenfalls sehr günstig für die cholesterinarme Küche. Allerdings sollte immer nur so viel Wasser verwendet werden, dass nichts weggegossen werden muss. Sonst verschwinden mit dem Kochwasser auch viele wichtige Nährstoffe. In Edelstahltöpfen mit

Fettarme Zubereitungsarten:

- *Backen mit Backpapier*
- *Braten in beschichteten Pfannen*
- *Dünsten*
- *Garen im Schnellkochtopf*
- *Garen im Tontopf*
- *Garen in der Alufolie*
- *Garen in der Bratfolie*

Wärmeleitboden und gut schließendem Deckel ist es sogar möglich, Zutaten wie etwa Gemüse ohne Fett und ohne Wasser zu garen. Ebenfalls ganz ohne Fett kommen Sie mit einem Dampfkochtopf oder einem Topf mit Siebeinsatz aus. Eine gute und besonders schonende Garmethode ist auch das Dünsten, da es nur ein Minimum an Fett und Wasser erfordert.

Cholesterinfrei – guten Appetit

Alle pflanzlichen Lebensmittel sind cholesterinfrei!

Glücklicherweise gibt es jede Menge leckerer und gesunder Nahrungsmittel, die überhaupt kein Cholesterin enthalten – und darüber hinaus nur sehr wenig Fett. Bei diesen Produkten müssen Sie sich nicht einschränken. Sie dürfen so viel davon essen, wie Sie möchten! Wenn Sie Ihre Ernährungsgewohnheiten dauerhaft umstellen, machen diese Nahrungsmittel bald den Hauptanteil Ihres Speiseplans aus. Und trotzdem werden Sie ausgesprochen abwechslungsreich essen können.

Obst

Obst können und sollen Sie bedenkenlos zu sich nehmen. Es ist nicht nur cholesterinfrei, es liefert Ihnen auch viele Vitamine und Ballaststoffe.

Obst beispielsweise ist nicht nur völlig cholesterinfrei, auch der Fettanteil ist so minimal (zwischen 0,1 und 0,8 Gramm pro 100 Gramm), dass er kaum ins Gewicht fällt. Deshalb sollten Sie täglich reichlich Obst zu sich nehmen. Orangen, Bananen, Äpfel und Co. machen nicht nur satt, sondern sie liefern darüber hinaus Vitamine und Ballaststoffe, sie sind also rundum gesund. Das Angebot an Obst ist in unseren Breitengraden das ganze Jahr über so reichhaltig, dass es nicht nur große Abwechslung bietet, es wird auch jeder garantiert mindestens eine Sorte finden, die ihm schmeckt.

Getreide

Ebenso cholesterinfrei wie Obst sind alle Getreidearten. Auch sie enthalten in der Regel nur sehr wenig Fett und vor allem keine gesättigten Fettsäuren. Stattdessen versorgen Sie Müsli, Reis, (Vollkorn-)Nudeln, Haferflocken, Vollkornbrot, Grieß – sogar Popcorn (ungezuckert, nur leicht gesalzen) – mit reichlich Energie, Ballaststoffen und Vitaminen. Vergessen Sie aber nicht, dass die Butter auf dem Brot, die Milch über dem Müsli, oder die Soße über den Nudeln Fettlieferanten sind, bei denen Sie wieder aufpassen müssen.

Gemüse und Hülsenfrüchte

Gemüse gehört ebenfalls zu den cholesterinfreien Nahrungsmitteln. Besonders ideal für die cholesterinbewusste Ernährung sind Hülsenfrüchte wie Bohnen, Erbsen, Linsen und Kichererbsen. Denn sie liefern nicht nur äußerst fettarme Energie, sondern auch Eiweiß, Mineralstoffe und Ballaststoffe. Auch alle anderen Gemüsesorten wie Salate sind cholesterinfrei und fettarm. Sie können sich aus der großen Auswahl, die Mutter Natur Ihnen bietet, also wirklich all das aussuchen und zusammenstellen, was Ihnen schmeckt.

Gesunde Ernährung beginnt im Kopf

Aus dem bisher Gesagten ergibt sich fast zwangsläufig: Für eine cholesterinarme Ernährung sollten Sie jeden Tag mindestens zwei Portionen Obst und zwei Portionen Gemüse auf Ihrem Speiseplan stehen haben – natürlich fettarm zubereitet. Kombinieren Sie Salat und Gemüse mit (Vollkorn-)Getreideprodukten und sehen Sie dies immer als Hauptgericht. Fleisch und Wurst hingegen nehmen zukünftig den Stellenwert einer Beilage ein. Die Ernährungsumstellung beginnt im Kopf: Denken Sie nicht an »Braten mit Nudeln oder Kartoffeln«, sondern planen Sie »Nudeln, Reis oder Kartoffeln mit ein wenig Fleischbeilage«. Dann werden Sie automatisch Cholesterin und Fett reduzieren. Denn Ihren Hunger und Ihre Gelüste stillen Sie mit gesundem Essen, das Ihre Fettstoffwerte nicht erhöht.

Vergessen Sie nicht: Ein Gramm Fett hat rund doppelt so viele Kalorien (9 Kcal) wie ein Gramm Kohlenhydrat (ca. 4 Kcal).

Ernährungswissenschaftler haben herausgefunden, dass sich eine gemäßigte vegetarische Kost – bei der Ei, Milch und Milchprodukte in Maßen verzehrt werden dürfen – positiv auf den Cholesterinwert auswirkt.

Es stimmt übrigens nicht, wie viele Menschen glauben, dass kohlenhydratreiche Kost dick macht. Tatsächlich bringt das Fett die Kilos auf die Rippen. Denn mit den komplexen Kohlenhydraten (also Vollkornprodukten, Obst, Gemüse) erhält Ihr Körper jede Menge Nährwert pro Kalorie. Sie werden gut satt, können richtig schlemmen und nehmen nicht zu, sondern sogar ab, wenn Sie die Übeltäter Fett und Zucker drastisch einschränken. Denn Fett hat doppelt so viel Kalorien wie Kohlenhydrate!

Vegetarische Kost und Cholesterin

Obst, Gemüse und Getreide sind garantiert cholesterinfrei und ausgeprochen fettarm. Wäre es da nicht sinnvoll, sich nur noch von diesen Lebensmitteln zu ernähren, Fleisch, Wurst und andere Nahrungsmittel tierischen Ursprungs einfach zu streichen? Tatsächlich ist eine vegetarische Ernährungsweise, die Eier, Milch und nach Möglichkeit Fisch enthält, ausgesprochen gesund und cholesterinfreundlich. Dagegen kann strenger Vegetarismus, der den Verzehr jeglicher tierischer Produkte, also auch von Milchprodukten und Eiern ablehnt (veganisch),

Wer auf alle tierischen Produkte wie Fleisch, Käse oder Milch verzichtet, riskiert Mangelerscheinungen.

für die Gesundheit gefährlich werden. Um bei dieser Ernährungsform alle notwendigen Nährstoffe, Vitamine und Mineralien zu bekommen, muss man sehr genau über Nahrungsmittel und ihre Inhaltsstoffe Bescheid wissen. Und man muss genau darüber informiert sein, wie die einzelnen Lebensmittel kombiniert werden sollten, damit der Körper die Inhaltsstoffe auch aufnehmen und verwerten kann. Dies ist jedoch für den Laien ausgesprochen kompliziert und auch nur sehr schwer zu realisieren. Darum lehnen Experten die veganische Ernährung meist ab.

Die ovo-lacto-vegetabile Kost (vegetarisch mit Ei, Milch und Milchprodukten) hingegen gilt als durchaus empfehlenswert. Allerdings hat es wenig Sinn, jemanden, der gern Fleisch und Wurst isst, zum Vegetarier machen zu wollen. Denn er würde diese Ernährungsform vermutlich nicht durchhalten. Hinzu kommt, dass bei der Cholesterinsenkung nicht alle Menschen gleich gut auf eine Ernährungsumstellung ansprechen. Wir wissen, dass der Cholesterinspiegel in den meisten Fällen nicht allein aufgrund falscher Ernährung erhöht ist, sondern dass Stress und Bewegungsmangel ebenfalls eine Rolle spielen, nicht selten sind auch Krankheiten oder Vererbung am erhöhten Cholesterin beteiligt. Insbesondere in letzterem Fall wäre eine so radikale Ernährungsumstellung eine sinnlose Qual. Und auch in den anderen Fällen gilt, dass eine maßvolle Umstellung in verschiedenen Lebensbereichen sinnvoller ist als übertriebener Eifer in lediglich einem Bereich. Eine vernünftige, cholesterinbewusste Ernährung, wie sie in diesem Buch beschrieben ist, reicht also vollkommen aus.

Um herauszufinden, ob und wie sehr Ihre Blutfette auf eine Nahrungsumstellung reagieren, können Sie eine Diät sozusagen auf Probe machen. Im Erfolgsfall bleiben Sie bei vegetarischer Kost oder bei einer cholesterinbewussten Mischkost.

Ernährungsumstellung als Test

Der Cholesterin-Experte Dr. Volker Schmiedel rät zu einem Versuch: Um herauszufinden, wie gut die Cholesterinwerte auf eine Ernährungsumstellung ansprechen, sollte man sich für mindestens vier Wochen rein vegetarisch ernähren, also vollkommen ohne Fleisch und Wurst, mit sehr wenig Eiern, Butter, Sahne, mit fettarmem Käse und fettreduzierter Milch. Alle anderen Lebensumstände sollten Sie in dieser Zeit so belassen, wie sie bisher waren – also nicht gleichzeitig ein neues Sportprogramm beginnen oder in den Urlaub fahren.

Lassen Sie vor und nach Beendigung dieser vegetarischen Kur Ihre Blutfette messen. Sind sie um mehr als fünf Prozent gesunken, können Sie davon ausgehen, dass Sie gut auf eine Ernährungsumstellung ansprechen. Falls Ihnen das vegetarische Essen – wozu es übrigens eine Reihe sehr guter Kochbücher gibt - mittlerweile gut schmeckt, bleiben Sie einfach dabei. Ansonsten kehren Sie zur cholesterinbewussten Mischkost zurück und reduzieren Fleisch, Wurst und Fett so gut Sie können. Vielleicht gelingt es Ihnen ja, zwischendurch immer einmal wieder ein paar vegetarische Wochen einzulegen. Ihr Cholesterinspiegel wird es Ihnen danken.

Vegetarische versus fettarme Kost

Wenn Sie mit vegetarischer Küche bislang wenig Erfahrungen haben, lohnt sich die Anschaffung eines Spezial-Kochbuchs zu diesem Thema – es gibt mittlerweile ausgezeichnete Bücher in allen Preisklassen.

Man hat in wissenschaftlichen Untersuchungen festgestellt, dass vegetarische Kost den Cholesterinspiegel wirkungsvoller senken kann als normale, fettarme »Herzschutzkost« – allerdings nur, wenn die Blutfettwerte in erster Linie aufgrund falscher Ernährung erhöht sind. Dr. Volker Schmiedel beschreibt zwei solche Untersuchungen:

In einer Naturheilklinik bekamen Patienten vier Wochen lang vegetarische Vollwerternährung mit viel Rohkost, ohne Fleisch und Wurst, aber mit Eiern, Butter, Sahne und Käse. Der Cholesterinspiegel ist in dieser Zeit um durchschnittlich zwölf Prozent gesunken. Bei den Patienten, die vorher viel Fleisch gegessen hatten, fiel er drastischer (rund 20 Prozent), als bei denen, die ohnehin schon wenig Fleisch gegessen hatten. Einige Patienten haben allerdings kaum auf diese Ernährung angesprochen. Es

In der vegetarischen Küche spielen Eier als Fleischersatz eine wichtige Rolle.

wurde vermutet, dass in diesen Fällen andere Gründe (etwa hoher Stress) hinter den erhöhten Werten steckten.
Für die zweite Untersuchung bekam in einer Rehabilitationsklinik für Herzkranke eine Gruppe von Patienten eine cholesterinarme Herzschutzkost, die andere Gruppe vegetarische Kost. Nach rund vier Wochen war bei der Gruppe mit Herzschutzkost das Cholesterin um rund sieben Prozent gesunken, bei den Vegetariern um 12,5 Prozent. Auch an Gewicht verloren die Patienten: mit Herzschutzkost durchschnittlich 1,6 Kilogramm, mit vegetarischer Kost 3,2 Kilogramm.
Wer auf vegetarische Küche umsteigen möchte, muss ein wenig auf die richtige Zusammenstellung seines Speisezettels achten. Denn Fleisch und Wurst einfach wegzulassen, reicht nicht. Schließlich sind diese Lebensmittel wichtige Lieferanten von Eiweiß, B-Vitaminen und Eisen.
Der beste Ersatz dafür sind Getreideprodukte, Hülsenfrüchte, Kartoffeln, Nüsse, Sprossen, Keime und Sojaprodukte. Sie sollten also darauf Wert legen, dass Sie nicht nur frisches Obst,

Die strenge Form der vegetarischen Ernährung, bei der man grundsätzlich auf alles verzichtet, was vom Tier kommt - also auch auf Eier, Milch und Milchprodukte -, ist keinesfalls zu empfehlen. Für den Laien ist es sehr schwer, unter diesen Umständen den Körper optimal zu versorgen.

Salat und Gemüse, sondern auch möglichst reichlich Vollkornprodukte essen wie Frischkornmüsli oder Vollkornbrot und zum Kochen und Backen Vollkornmehl verwenden. Hülsenfrüchte wie Erbsen, Bohnen oder Kichererbsen spielen in der vegetarischen Küche ebenfalls eine wichtige Rolle. Auf keinen Fall dürfen Sie ganz auf Milch und Milchprodukte verzichten, bei Eiern wählen Sie am besten Ei-Ersatz, der kein Cholesterin enthält. Essen Sie zudem möglichst zweimal die Woche Seefisch. Sie enthalten wenig Fett und viel leicht verdauliches Eiweiß – ein idealer Ersatz für Fleisch – und sind außerdem wichtige Lieferanten von Vitaminen und Mineralstoffen.

Ballaststoffe – kein unnötiger Ballast

Für den Cholesterinhaushalt sind vor allem die löslichen Ballaststoffe von Bedeutung, die sich in Obst, Gemüse, Hülsenfrüchten und Haferkleie befinden.

Sie haben eigentlich keinen Nährwert, sind aber für unsere Ernährung dennoch sehr wichtig – die Ballast- oder richtiger: Faserstoffe. Das wurde von Ernährungswissenschaftlern lange Zeit nicht erkannt. Bis in die siebziger Jahre hat man angenommen, Faserstoffe seien völlig unbedeutend, denn sie sind die unverdaulichen Anteile in unserer Nahrung, sie kommen praktisch mit dem Stuhl genauso wieder aus dem Körper heraus, wie sie aufgenommen wurden.

Diese Fehleinschätzung und die Haltung der Nahrungsmittelindustrie, die vor allem ballaststoffarme Nahrung produziert, haben zur Folge, dass wir inzwischen meist viel zu wenig Faserstoffe zu uns nehmen: durchschnittlich 17 bis 20 Gramm pro Tag. Notwendig sind allerdings 30 bis 60 Gramm.

Faserstoffe sind ausschließlich in pflanzlichen Produkten enthalten – also in Obst, Gemüse, Salat, Getreide oder Hülsenfrüchten. Es gibt zwei verschiedene Arten: unlösliche Ballaststoffe, wie sie hauptsächlich in Getreide vorkommen, und lösliche in Obst, Gemüse, Hülsenfrüchten und Haferkleie.

Die Aufgaben der Faserstoffe beim Stoffwechsel und bei der Verdauung sind vielfältig. Weil sie quell- und gleitfähig sind,

BALLASTSTOFFREICHSTE NAHRUNGSMITTEL

Ballaststoffanteil in 100 Gramm Lebensmittel			
Ballaststoffmüsli	17	Mandeln	10
Bananen	2	Mispeln	10
Brokkoli	3	Popcorn	12
Dunkles Bauernbrot	11	Quitten	6
Erbsen	16	Roggen-Vollkornflocken	13
Getrocknete Äpfel	11	Sojabohnen	16
Getrocknete Birnen	14	Sojabrot	8
Haferfleks mit Kleie	16	Sojaschrot	20
Haferkleie	20	Vollkorn-Haferflocken	10
Haferkleieflocken	20	Vollkornkekse	10
Johannisbrot	74	Vollkornmehl	12
Karotten	2	Vollkornnudeln	9
Kartoffeln	2	Vollkornreis	4
Knäckebrot	14	Weiße Bohnen	17
Leinsamenbrot	12	Weizenkeime	15
Linsen	11	Weizenkleie	49

Pro Tag sollten Sie 30 bis 60 Gramm Ballaststoffe zu sich nehmen. Pflanzliche Produkte sind die dafür besten Lieferanten, um unseren Tagesbedarf zu decken.

füllen sie den Darm, regen die Darmtätigkeit an und trainieren die Darmmuskulatur. Dadurch verhindern sie Verdauungsstörungen wie etwa Verstopfung und daraus resultierende Erkrankungen wie Hämorrhoiden. Sogar eine Schutzfunktion vor Dickdarmkrebs wird den Ballaststoffen nachgesagt.

Für den Cholesterinhaushalt sind vor allem die löslichen Ballaststoffe von großer Bedeutung. Sie sind nämlich in der Lage, im Darm Wasser und Fette zu binden, Giftstoffe und Gallensäuren, die beim Cholesterinabbau entstehen, aufzunehmen und rasch nach draußen zu befördern. Wer also reichlich Ballaststoffe zu sich nimmt, trägt damit zu einer deutlichen Cholesterinsenkung bei.

Essen im Restaurant

Wenn Sie selbst cholesterinbewusst einkaufen und kochen, sind Sie natürlich auf der sicheren Seite. Das heißt nun aber keineswegs, dass Sie nie wieder schön essen gehen dürfen. Viele Menschen können schon aus beruflichen Gründen gar nicht auf Restaurants verzichten. Sei es, dass sie viel unterwegs sind und deshalb überhaupt keine Möglichkeit zum Kochen haben, oder dass sie öfter mit Kunden oder Geschäftspartnern ausgehen müssen.

Sie können natürlich auch weiterhin auswärts speisen, sollten allerdings einige Regeln beachten, damit Ihr Kurerfolg nicht durch die falsche Wahl des Restaurants oder Gerichts wieder in Frage gestellt wird.

Wichtigster Grundsatz: Entscheiden Sie sich für das richtige Restaurant und bestellen Sie nur bestimmte Gerichte. Werfen Sie also schon vorher einen Blick auf die Speisekarte und überprüfen Sie, ob die Auswahl der Gerichte groß und abwechslungsreich genug ist. Je mehr Speisen auf der Karte stehen, umso wahrscheinlicher ist etwas für Sie dabei.

Grundsätzlich sollten Sie alle Gerichte mit Ei, fettes Fleisch und frittierte Speisen meiden. Lassen Sie sich vom Kellner erklären, wie einzelne Gerichte zubereitet sind. Sind Sie nicht sicher, ob ein Gericht das Richtige ist, bestellen Sie lieber etwas anderes. Salat wählen Sie am besten mit einem leichten Jogurtdressing. Das gibt es heute fast überall. Notfalls geht auch einfach Essig und Öl. Das ist in jedem Fall günstiger als fette Sahne- oder Mayonnaisesoßen.

Während einer Cholesterindiät brauchen Sie keinesfalls auf den Besuch im Restaurant zu verzichten – ein paar Grundregeln sollten Sie allerdings beachten.

Die Auswahl des Restaurants

Fast-Food-Restaurants sollten Sie meiden. Hamburger und Co. enthalten reichlich Kalorien, Cholesterin, Fett und Salz. Müssen Sie sich dennoch dort einmal verpflegen, greifen Sie am besten nur zu Salat mit wenig Soße (Jogurt oder Essig und Öl).

Schonende Zubereitungsarten sowie viel Fisch, Reis und Gemüse kennzeichnen die asiatische Küche.

Die asiatische Küche ist hingegen ein wahres Paradies für cholesterinbewusste Esser. Beispielsweise thailändische, indonesische, vietnamesische oder japanische Restaurants bieten eine Fülle sehr leckerer Gerichte, die leicht gekocht und meist mit hochwertigen Pflanzenölen zubereitet sind. Es gibt in der Regel eine große Auswahl an fantasievoll zusammengestellten vegetarischen Gerichten. Fast immer wird Gemüse zu Fleisch oder Fisch gereicht und reichlich gesunde Gewürze und Kräuter verwendet. Bestellen Sie nur keine Gerichte, die wie etwa Frühlingsrollen in Fett gebacken oder die mit Ei vermischt sind.

Die chinesischen Restaurants in Deutschland bilden jedoch leider eine unrühmliche Ausnahme. Hier sollten Sie darauf achten, dass Sie ein Lokal aussuchen, in dem das Essen nicht zu fett ist – was bei uns leider häufig vorkommt – und wo nach Möglichkeit kein Glutamat verwendet wird. In anderen Ländern, wie etwa England, Holland und Amerika, gilt für das Essen beim Chinesen dasselbe wie für alle übrigen asiatischen Restaurants: Die Speisen sind ausgesprochen leicht und bekömmlich.

Indische Restaurants bieten ebenfalls eine große Auswahl an

Liebhaber der asiatischen Küche tun sich leicht, cholesterinarme Speisen auszuwählen. Eine Ausnahme sind leider die meisten chinesischen Restaurants in Deutschland, in denen häufig recht fett gekocht wird.

Auch wenn es noch so schön knusprig ist: Paniertes Fleisch ist bei einer Cholesterindiät tabu. Wählen Sie einfach eine andere Zubereitungsart aus.

gesunden, leicht bekömmlichen und fettarmen Speisen. Besonders das Angebot an vegetarischer Kost ist in der Regel sehr abwechslungsreich. Es gibt zudem Variationen mit Huhn, viele wohlschmeckenden Gemüse und Hülsenfrüchte sowie scharfe Curry-Gerichte. Verzichten sollten Sie lediglich auf mit Butter bestrichene Fladenbrote und fette Lammgerichte.

Ideal sind auch Lokale, die mediterrane Küche anbieten. Die Auswahl bei uns ist riesig. Fast überall finden Sie Gasthäuser mit italienischer, spanischer, französischer oder griechischer Küche. Wählen Sie dort Gerichte, die wenig fettreichen Käse enthalten, und greifen Sie dafür bei Gemüse und Salat kräftig zu. Ein weiterer Vorteil vieler mediterraner Restaurants: Oft können Sie den Salat selbst anmachen, haben also eine Kontrolle darüber, wie viel Öl darin ist.

In unseren deutschen Gaststätten, die häufig eine sehr gute Küche mit Spezialitäten aus der Region aufweisen, ist es manchmal auf den ersten Blick nicht so einfach, Fettarmes auf der Karte zu finden. Achten Sie hier besonders darauf, dass Sie statt paniertem Fleisch (die Panade enthält Ei) immer Stücke

Fragen Sie den Koch nach mageren Stücken – meist werden Diät- und Extrawünsche gern erfüllt.

wählen, die »natur« gebraten sind. Bei Bratengerichten ist bei der Soße Zurückhaltung angesagt, bei den Beilagen sollten Sie nichts Frittiertes wählen und lieber Salz-, Pell- oder gebackene Kartoffeln statt Bratkartoffeln bestellen. Wird Fisch angeboten, sollten Sie ihn Fleischgerichten vorziehen. Falls er gebacken ist, lassen Sie die fette Kruste weg. Bei Salat und Gemüse können Sie in der Regel unbesorgt zugreifen. Der Nachtisch sollte ohne Ei zubereitet sein. Ab und zu ein Klecks Sahne schadet sicher nicht, wenn Sie sich ansonsten ein mageres Mahl zusammenstellen.

Alkohol und Cholesterin

Selbst wenn immer wieder zu lesen ist, wie »gesund« der regelmäßige Konsum von Wein – vor allem Rotwein – ist, gilt dies nur für geringe Mengen.

Immer wieder gibt es Berichte in den Medien über wissenschaftliche Untersuchungsergebnisse, in denen festgestellt wurde, dass ein gewisser Alkoholkonsum vor Herzkrankheiten, vor allem vor Herzinfarkt, schützt. Besonders dem Rotwein, genauer gesagt den Phenolen, die ihm seine Farbe verleihen, wird diese Wirkung zugesprochen. Wunderbar, mögen sich da viele freuen, da kann ich ja ungeniert trinken, so viel und so lange es mir Spaß macht. Doch das kann damit natürlich nicht gemeint sein.
Tatsächlich sind viele Studien durchgeführt worden, die herausgefunden haben, dass strikt abstinente Menschen öfter einen Herzinfarkt erleiden als solche, die gelegentlich Alkohol trinken. Allerdings sind einige dieser Studien in Wissenschaftskreisen umstritten. Kritiker geben beispielsweise zu bedenken, dass diese Ergebnisse nicht oder nicht in erster Linie mit dem Alkohol zusammenhängen, sondern möglicherweise mit der Lebensart oder Lebenseinstellung der untersuchten Personen. Denn sie gehen davon aus, dass Menschen mit einer positiven Einstellung und mit Spaß am Leben eher einmal ein paar Gläschen trinken, als Menschen mit einer sehr rigiden Einstellung, die sich viel Lustvolles verkneifen.

Die Menge macht's

Was trotz allem sicher zu sein scheint, ist die Tatsache, dass Alkohol in der Lage ist, das gute HDL zu erhöhen. Um eine schützende Wirkung zu erreichen, kommt es jedoch auf die richtige Menge und auf das richtige Getränk an.

So haben Experten herausgefunden, dass die Menschen durchschnittlich älter werden, wenn sie nicht mehr als zwei Drinks pro Tag zu sich nehmen – z. B. zwei Gläser Bier à 0,3 Liter oder zwei Gläser Wein, insgesamt 0,3 Liter. Bei größeren Mengen blieb der positive Effekt aus und der Cholesterinspiegel stieg wieder drastisch an.

Wein – der »bessere« Alkohol?

Die cholesterinsenkenden Bioflavonoide sind sowohl in Weintrauben als auch in Traubensaft und Wein enthalten.

Andere Wissenschaftler sind zu dem Ergebnis gekommen, dass Wein überhaupt eine bessere Wirkung ausübt als alle anderen alkoholischen Getränke. Sie schließen dies unter anderem daraus, dass in Ländern, in denen hauptsächlich Wein, vor allem Rotwein, getrunken wird, Herzinfarkte seltener sind als in unseren Breitengraden. Oder dass etwa in der Bundesrepublik oder in Amerika in höheren sozialen Schichten, in denen ebenfalls mehr Wein getrunken wird, weniger Herzinfarkte vorkommen als in den niedrigeren sozialen Schichten, in denen mehr Bier und Schnaps konsumiert werden. Ob dieses Ergebnis nicht wieder stark mit der Lebenseinstellung und den sonstigen Umständen zusammenhängt, ist jedoch nicht geklärt.

Fest steht andererseits, dass in Weintrauben, besonders in den roten, so genannte Bioflavonoide enthalten sind. Und diese Substanzen haben eine antioxidative Wirkung, die den Cholesterinwert positiv beeinflusst (siehe auch Seite 109ff.). Diese Wirkstoffe befinden sich aber natürlich auch im Traubensaft und in den Trauben selbst. Es muss also kein Wein getrunken werden, um sie zu nutzen.

Gesunder Umgang mit Alkohol

- Ganz klar: Wer Alkoholprobleme hat oder alkoholkrank ist, soll auf gar keinen Fall etwas trinken. Er schadet sich mit jedem Tropfen!
- Gesunde, schlanke Menschen, die ab und zu ein bis zwei Gläschen Wein trinken, müssen kein schlechtes Gewissen dabei haben.
- Wer Übergewicht hat, sollte auf jede Art von Alkohol verzichten, weil er viele Kalorien enthält.
- Bei Personen mit schlechten Triglyzeridwerten ist ebenfalls Verzicht auf Alkohol angesagt, weil sich die Werte bei entsprechendem Konsum erhöhen.
- Kein oder nur sehr wenig Alkohol ist für Leute mit hohem Blutdruck angebracht. Denn er erhöht ihn noch weiter.
- Gicht oder erhöhte Harnsäure im Urin sind ebenfalls Gründe, auf Alkohol zu verzichten.

Der Weg zum Nichtraucher ist nicht ganz einfach, wie jeder weiß, der ihn einmal beschritten hat. Doch glücklicherweise gibt es eine Reihe von Hilfsmaßnahmen wie etwa Nikotinpflaster oder Kaugummis.

Rauchen und Cholesterin

Rauchen stellt allein für sich schon ein Risiko für koronare Herzkrankheiten, chronische Bronchitis, Lungenkrebs, oder arterielle Verschlusskrankheiten dar.

Im Zusammenhang mit Cholesterin ist Zigarettenrauch besonders schädlich: Im Rauch befinden sich freie Radikale - aggressive Sauerstoffverbindungen, die Zellen angreifen (siehe auch Seite 112). Zu viele freie Radikale setzen eine Oxidation von LDL in Gang und dieses oxidierte LDL ist für die Gefäße sehr gefährlich.

Es gibt inzwischen jede Menge von Hilfsangeboten für Menschen, die ernsthaft mit dem Rauchen aufhören wollen: von Kursen bei Gesundheitszentren, Volkshochschulen oder Krankenkassen, über Nikotinpflaster (verschreibungspflichtig) oder Nikotinkaugummis (rezeptfrei in der Apotheke) bis hin zur Akupunktur oder Hypnose.

Gemeinsam geht's besser! Suchen Sie sich Gleichgesinnte beim Kampf gegen den blauen Dunst. Dies gilt vor allem dann, wenn in Ihrem Haushalt weitere Raucher leben.

EIN PAAR TIPPS ZUM ESSVERHALTEN

Ernährung, Gewicht, Stress und Sport – viele Faktoren spielen zusammen, wenn es um unsere Blutfettwerte geht. Vor der eigentlichen »Cholesterin-zwei-Monats-Kur« zeigt Ihnen dieses Buch auf einfache und leicht nachvollziehbare Weise, welche Umstellungen Ihrer Ernährungs- und Lebensweise dieses Programm positiv beeinflussen können.
Daher ist es wichtig, zunächst über die Abläufe in unserem Körper und die Wirkung dieser einzelnen Faktoren Bescheid zu wissen, um dann das Problem »erhöhter Cholesterinspiegel« richtig angehen zu können. Die folgenden Tipps zum Essverhalten sollen Ihnen helfen, Ihren Cholesterinspiegel in den Griff zu bekommen und Sie Ihrem Ziel, sich bewusst und vernünftig zu ernähren, ein Stück näher bringen.

✳ **Bewusst essen!**
Essen Sie bewusst. Das heißt weder schnell im Stehen noch beim Fernsehen oder Lesen. Das ist zum einen schädlich für die Verdauung, und Sie bekommen zum anderen gar nicht richtig mit, wie viel Sie essen. Noch nachteiliger wirkt sich aus, dass Sie nicht spüren, wann Sie satt sind.

✳ **Essen Sie langsam!**
Nach ungefähr 12 bis 20 Minuten tritt ein Sättigungsgefühl ein – egal, wie viel Sie gegessen haben. Je mehr Zeit Sie sich also lassen, desto weniger müssen Sie essen, um satt zu sein.

✳ **Satt essen!**
Essen Sie sich immer satt, am besten mit kalorien- und fettarmen Speisen. Ein ständiges Hungergefühl führt nur zu leicht dazu, dass Sie schwach werden und plötzlich eine Menge unsinniges Zeug in sich hineinstopfen. Essen Sie aber auf keinen Fall weiter, wenn Sie satt sind, mag es Ihnen noch so leid tun, irgendetwas Leckeres stehen lassen zu müssen.

✳ **Kleine Teller!**
Nehmen Sie einen kleinen Teller. Darauf sieht Ihre Portion größer aus, und Sie haben nicht das Gefühl, kaum etwas zu bekommen.

EIN PAAR TIPPS ZUM ESSVERHALTEN

* **Fünf kleine Mahlzeiten!**
Nehmen Sie fünfmal am Tag eine kleine Mahlzeit zu sich statt drei große.

* **Kleine Stücke gründlich kauen!**
Nehmen Sie nur kleine Stücke in den Mund und kauen Sie gründlich, ehe Sie das nächste Stück nehmen. Legen Sie zwischendurch das Besteck auf den Teller.

* **Salat vor der Hauptmahlzeit!**
Essen Sie den Salat vor der Hauptmahlzeit. Das regt die Verdauung an und hilft dem Körper, etwa Eisen aus dem Fleisch besser aufzunehmen. Zudem ist dann mit einem gesunden, kalorienarmen Gericht Ihr Haupthunger gestillt, Sie brauchen von eventuellen Dickmachern weniger.

* **Obst und Rohkost zum Naschen zwischendurch!**
Falls Sie zwischendurch gern naschen, verwöhnen Sie sich mit leckerem Obst oder mit knackiger Rohkost anstatt mit fettem Knabberzeug.

* **Viel trinken!**
Trinken Sie mindestens zwei Liter Flüssigkeit täglich, am besten Wasser, ungesüßten Tee oder Kaffee, denn diese Getränke haben keine Kalorien. Mögen Sie Wasser nicht so gern pur, mischen Sie es mit Frucht- oder Gemüsesaft – aber mindestens zur Hälfte Wasser –, und reduzieren Sie langsam den Saftanteil. Süße und alkoholische Getränke sollten Sie meiden, denn diese sind sehr kalorienreich.

* **Positiv denken!**
Entwickeln Sie eine positive Einstellung zu Ihrem Vorhaben abzunehmen. Bedauern Sie sich nicht, werden Sie nicht unzufrieden, weil Sie Probleme mit dem Gewicht haben oder nicht schnell genug abnehmen. Sagen Sie sich stattdessen lieber: »Ich nehme ab, weil ich das will.«

* **Einmal wiegen pro Woche genügt!**
Wiegen Sie sich nicht jeden Tag. Das frustriert Sie nur. Einmal pro Woche auf die Waage zu steigen genügt vollkommen.

Cholesterin und Gewicht

Nehmen wir mit der Nahrung zu viele Kalorien auf, wird die überschüssige Energie vom Körper in Form von Fett deponiert.

Keine Frage – Übergewicht ist enorm verbreitet. Etwa 35 Prozent aller Deutschen sind übergewichtig, und damit schlagen wir sogar die Amerikaner. Doch nur weil es so häufig vorkommt, wird das Problem nicht kleiner: Wer zu viel auf die Waage bringt, ist viel anfälliger für Krankheiten und hat fast immer auch einen erhöhten Cholesterinspiegel.

Woher kommen die Pölsterchen?

Wir wissen, dass Menschen Nahrung unterschiedlich verwerten, dass manche leichter dick werden als andere. Jeder, der ewig mit seinen Pfunden kämpft, kennt mindestens einen beneidenswerten Menschen, der (scheinbar) essen kann, was er will, ohne ein Gramm zuzunehmen. Heute weiß man, dass auch bei Übergewicht die genetische Veranlagung eine Rolle spielt. Wissenschaftler haben ein Gen (ob-Gen) gefunden, das für diese Veranlagung verantwortlich gemacht wird. Das bedeutet aber keineswegs, dass es das Schicksal der Menschen mit diesem Gen ist, dick zu sein. Es heißt vielmehr nur, dass sie besonders auf ihr Gewicht achten müssen.

Übergewicht an sich ist ein Risikofaktor für diverse Krankheiten wie Bluthochdruck, Diabetes, Gicht und natürlich auch für koronare Herzerkrankungen.

Denn es steht auch fest, dass Übergewicht, abgesehen von ganz wenigen krankhaften Ausnahmen, praktisch immer durch ein Zuviel an Nahrung entsteht. Insbesondere überschüssiges Fett wird vom Körper ohne Umwege sofort wieder als Fett deponiert. Und wie wir gesehen haben, essen fast alle Menschen zu viel Fett.

Eiweiß und Kohlenhydrate – vor allem letztere – kann der Körper nicht so leicht in Fett umbauen. Trotzdem führen auch diese Nährstoffe zu Übergewicht, wenn man ständig mehr davon isst, als man verbrauchen kann. Denn jede überschüssige Kalorie legt der Körper als Fett an.

Schleichende Gewichtszunahme

Um dick zu werden, muss man jedoch nicht unbedingt ein Vielfraß sein. Oft baut sich das Übergewicht ganz unbemerkt auf. Das lässt sich mit einer einfachen Rechnung beweisen: Wenn Sie pro Tag nur ein kleines Hörnchen oder 20 Gramm Salami zusätzlich essen oder ein Glas Cola mehr trinken als Sie brauchen – das sind jeweils etwa 100 Kalorien –, nehmen Sie im Jahr 36 500 Kalorien zu viel zu sich. Und das bedeutet, Sie haben rund fünf Kilogramm zugenommen – und in vier Jahren wiegen Sie dann 20 Kilogramm mehr, ohne dass Sie jemals so richtig geschlemmt hätten!

Kleine »Sünden«, große Wirkung. Nur 100 Kalorien mehr pro Tag als nötig und Sie bringen nach vier Jahren 20 Kilogramm mehr auf die Waage!

Tatsächlich brauchen wir relativ wenig Energie, um gesund zu bleiben (siehe Tabelle Seite 64) – vor allem, wenn wir uns nicht viel bewegen. Die meisten unserer Lebensmittel, vor allem die fetten, enthalten jedoch sehr viele Kalorien. Zur Erinnerung: Fett hat doppelt so viel Energie wie Eiweiß oder Kohlenhydrate. Um die Kalorienzufuhr einzuschränken, macht es also Sinn, kalorienarme und kohlenhydratreiche Nahrung (Vollkornprodukte, Gemüse und Obst) zu bevorzugen.
Leider hält sich die Überzeugung, kohlenhydratreiche Lebensmittel würden dick machen, recht hartnäckig. Und immer wieder tauchen Diäten auf, bei denen vollständig oder zum Teil auf Kohlenhydrate verzichtet wird. Das bekannteste Beispiel ist wohl die so genannte Atkins-Diät. Erlaubt sind dabei alle fetten Sachen, wie Wurst, Käse, Fleisch, Eis – so viel man will. Verboten sind Kohlenhydrate, also Brot, Brötchen, Nudeln, Kartoffeln etc. Tatsächlich verliert man dabei anfangs an Gewicht, weil der Körper viel Wasser ausscheidet. Doch erstens bleibt das Gewicht nicht unten, wenn man zur Normalkost zurückkehrt.

Der Energiebedarf nimmt mit zunehmendem Alter ab. Das bedeutet, dass man seinen Ernährungsplan dem Alter anpassen muss, um nicht plötzlich immer dicker zu werden.

ENERGIEBEDARF		
Alter in Jahren	Frauen kcal pro Tag	Männer kcal pro Tag
19 bis 25	2200	2600
25 bis 50	2000	2400
51 bis 65	1800	2200
über 65	1700	1900

Diese Angaben gelten für Menschen mit leichter körperlicher Tätigkeit.

Zweitens können die Blutfette enorm ansteigen und die Diät kann so etwas wie einen Eiweißschock (Ketose) auslösen, der unter Umständen sogar lebensgefährlich ist. Die amerikanischen Gesundheitsbehörden haben solche Diäten als rundherum gefährlich verurteilt und davor gewarnt. Auf Dauer gesund bleiben und abnehmen gelingt nur mit einer ausgewogenen Auswahl an Lebensmitteln. Wer dabei auch noch auf frische, hochwertige Produkte und schonende Zubereitungsarten achtet, wie sie beispielsweise in der asiatischen Küche bevorzugt werden, der hat den Kampf gegen die Pfunde schon fast gewonnen.
Eine cholesterinbewusste, fettreduzierte Ernährung ist dabei sehr hilfreich. Sie schlägt sozusagen zwei Fliegen mit einer Klappe: Sowohl der Cholesterinspiegel als auch der Zeiger auf der Waage bewegen sich nach unten.

Kalorienreich – kalorienarm

Die folgende Tabelle stellt besonders energiereiche Nahrungsmittel besonders energiearmen gegenüber. Sie sehen auf einen Blick, bei welchen Speisen Sie schlemmen können und bei welchen Sie sich besser zurückhalten sollten. Die Tabelle zeigt Ihnen außerdem, mit welchen kalorienarmen Nahrungsmitteln Sie die kalorienreichen Schlemmereien in Ihrem alltäglichen Speisezettel ersetzen können. Die Angaben beziehen sich auf jeweils 100 Gramm des genannten Nahrungsmittels.

Was heißt Idealgewicht?

Obwohl – oder auch gerade weil – fast die Hälfte der Bevölkerung in den westlichen Industrienationen zu viel Gewicht auf die Waage bringt, herrscht in unserer Gesellschaft ein Schlankheitswahn. In Mode und Werbung sieht man immer nur dünne – häufig sogar untergewichtige – Menschen.

Lange Zeit hat man das Idealgewicht einer Person nach dem Broca-Index berechnet: Körpergröße in Zentimeter minus 100, minus zehn Prozent für Männer, minus 15 Prozent für Frauen. Ein Mann mit 1,85 Meter Größe dürfte danach lediglich 76,7 Ki-

KALORIEN HÄUFIGER NAHRUNGSMITTEL

Lebensmittel	kcal	Lebensmittel	kcal
Milch 3,5%	64	Milch 1,5%	47
Doppelrahmkäse 60%	286	Frischkäse 20%	80
Quark 40%	160	Quark, mager	72
Camembert 60%	366	Camembert 30%	206
Parmesan 32%	386	Tilsiter 30%	253
Heilbutt	101	Kabeljau	76
Sardine	118	Schellfisch	77
Forelle	102	Hecht	82
Matjeshering	267	Seelachs, geräuchert	98
Ente	227	Hühnerbrust, ohne Haut	105
Lammkeule	234	Mageres Muskelfleisch vom Lamm	112
Kalbskotelett	112	Kalbshaxe	98
Rinderhack	216	Rinderfilet	121
Schweinemett	318	Schweinefilet	104
Bratwurst	298	Geflügelwurst	106
Bockwurst	277	Schinken, ohne Fettrand	143

Die nebenstehende Tabelle gibt einen guten Überblick darüber, welche Nahrungsmittel besonders energiereich bzw. energiearm sind. Bei manchen Produkten gibt es eine kalorienärmere Variante, der man im Bedarfsfall den Vorzug geben sollte.

Lassen Sie sich nicht von vermeintlichen Schönheitsidealen aus den Medien beeinflussen – wichtig ist für jeden sein persönliches Wohlfühlgewicht, nicht das Erfüllen irgendwelcher Normen.

logramm wiegen; eine Frau von 1,70 Meter Größe 59,5 Kilo. Tatsächlich liegen diese »idealen« Werte aber bereits an der Grenze zum Untergewicht oder sogar schon darunter. Der Broca-Index ist heute lediglich eine Faustregel für das Normalgewicht, also für das Gewicht, das nicht gesundheitsschädigend ist: Dazu rechnet man die Körpergröße in Zentimeter minus 100. Zur Bestimmung der Grenzen zur Gesundheitsschädlichkeit wurde es etwas differenziert.

Das persönliche Wohlfühlgewicht

Mittlerweile weiß man, dass für die Gesundheit das so genannte persönliche Wohlfühlgewicht ausschlaggebend ist. Dabei werden individuelle Komponenten wie Knochenbau, Körperstatur, Energieumsatz (guter oder schlechter »Futterverwerter») berücksichtigt. Weil aber dicke Menschen dazu neigen, ihre überflüssigen Pfunde nicht wahrzunehmen oder zu verdrängen, reicht die Frage nach dem individuellen Wohlgefühl

DER BROCA-INDEX

Normalgewicht
Körpergröße in Zentimeter minus 100. Bei 1,75 Meter Größe minus 100 = 75 Kilo.

Untergewicht
15 Prozent weniger als dieses Normalgewicht bedeutet Untergewicht, das zu beheben ist.

Leichtes Übergewicht
10–20 Prozent über dem Normalgewicht bedeutet leichtes Übergewicht, das im Hinblick auf Risikofaktoren zu beobachten ist.

Übergewicht
Über 20 Prozent mehr als das Normalgewicht bedeutet Übergewicht, das zu reduzieren ist.

Wohlfühlgewicht
Das persönliche Wohlfühlgewicht liegt häufig im Bereich von plus/minus zehn Prozent des Broca-Normalgewichts.

nicht aus, um ein gesundes Normalgewicht festzustellen. Denn auch objektiv Übergewichtige behaupten häufig, sich mit ihren Pfunden rundum wohlzufühlen.
Deshalb gibt es auch eine moderne Formel dafür, wie viel Sie wiegen dürfen – den Body-Mass-Index (BMI).

DIE FORMEL ZUM BODY-MASS-INDEX

Den Body-Mass-Index zu ermitteln ist ganz einfach: Sie multiplizieren Ihre Körpergröße mit sich selbst. Ihr Gewicht in Kilogramm dividieren Sie dann durch dieses Ergebnis. Beispiel: Sie sind 70 Kilogramm schwer und 1,75 Meter groß. Sie rechnen zuerst 1,75 x 1,75 = 3,06. Danach 70 : 3,06 = 22,87. Ihr BMI beträgt also 22,87 und befindet sich im normalen Bereich.

Der Body-Mass-Index

Diese Formel setzt die jeweilige Körperstatur mit der Körpergröße in Verbindung.
Laut Angaben der Deutschen Gesellschaft für Ernährung sind Männer mit einem BMI zwischen 20 und 25 und Frauen mit einem BMI von 19 bis 24 normalgewichtig. Leichtes Übergewicht haben Männer mit einem BMI von 26 bis 30 und Frauen von 25 bis 30. Wenn weitere Risikofaktoren vorliegen, sollten Sie in diesem Fall abnehmen. Von starkem Übergewicht spricht man bei Männern und Frauen mit einem BMI zwischen 30 und 40. Ihnen wird dringend empfohlen, das Gewicht zu reduzieren. Männer und Frauen mit einem Wert von über 40 haben extremes Übergewicht bzw. Fettsucht und müssen unbedingt abspecken. Liegt der BMI bei Männern unter 20 und bei Frauen unter 19, bedeutet dies Untergewicht und damit die Notwendigkeit zuzunehmen. Die Tabelle auf der folgenden Seite erleichtert Ihnen die Bestimmung Ihres BMI.

Vor dem Beginn einer eventuellen Diät empfiehlt es sich, den persönlichen Body-Mass-Index zu ermitteln. Dieser Wert gibt zuverlässig Auskunft darüber, ob und wie viel Übergewicht Sie haben.

IHRE PERSÖNLICHE (BMI) GEWICHTSTABELLE

Gewicht in Kilogramm	Größe in Meter															
	1,60	1,62	1,64	1,66	1,68	1,70	1,72	1,74	1,76	1,78	1,80	1,82	1,84	1,86	1,88	1,90
120	47	46	45	44	43	42	41	40	39	38	37	36	35	35	34	33
118	46	45	44	43	42	41	40	39	38	37	36	36	35	34	33	33
116	45	44	43	42	41	40	39	38	37	37	36	35	34	34	33	32
114	45	44	42	41	40	40	39	38	37	36	35	34	34	33	32	32
112	44	43	42	41	40	39	38	37	36	35	35	34	33	32	32	31
110	43	42	41	40	39	38	37	36	36	35	34	33	33	32	31	30
108	42	41	40	39	38	37	37	36	35	34	33	33	32	31	31	30
106	41	40	39	38	38	37	36	35	34	33	33	32	31	31	30	29
104	41	40	39	38	37	36	35	34	34	33	32	31	31	30	29	29
102	40	39	38	37	36	35	34	34	33	32	31	31	30	29	29	28
100	39	38	37	36	35	35	34	33	32	32	31	30	30	29	28	28
98	38	37	36	36	35	34	33	33	32	31	30	30	29	28	28	27
96	37	37	36	35	34	33	32	32	31	30	30	29	28	28	27	27
94	37	36	35	34	33	33	32	31	30	30	29	28	28	27	27	26
92	36	35	34	33	33	32	31	30	30	29	28	28	27	27	26	25
90	35	34	33	33	32	31	30	30	29	28	28	27	27	26	25	25
88	34	34	33	32	31	30	30	29	28	28	27	27	26	25	25	24
86	34	33	32	31	30	30	29	28	28	27	27	26	25	25	24	24
84	33	32	31	30	30	29	28	28	27	27	26	25	25	24	24	23
82	32	31	30	30	29	28	28	27	26	26	25	25	24	24	23	23
80	31	30	30	29	28	28	27	26	26	25	25	24	24	23	23	22
78	30	30	29	28	28	27	26	26	25	25	24	24	23	23	22	22
76	30	29	28	28	27	26	26	25	25	24	23	23	23	22	22	21
74	29	28	28	27	26	26	25	24	24	23	23	22	22	21	21	20
72	28	27	27	26	26	25	24	24	23	23	22	22	21	21	20	20
70	27	27	26	25	25	24	24	23	23	22	22	21	21	20	20	19
68	27	26	25	25	24	24	23	22	22	21	21	21	20	20	19	19
66	26	25	25	24	23	23	22	22	21	21	20	20	19	19	19	18
64	25	24	24	23	23	22	22	21	21	20	20	19	19	18	18	18
62	24	24	23	22	22	21	21	20	20	20	19	19	18	18	18	17
60	23	23	22	22	21	21	20	20	19	19	19	18	18	17	17	17
58	23	22	22	21	21	20	20	19	19	18	18	18	17	17	16	16
56	22	21	21	20	20	19	19	18	18	18	17	17	17	16	16	16
54	21	21	20	20	19	19	18	18	17	17	17	16	16	16	15	15
52	20	20	19	19	18	18	18	17	17	16	16	16	15	15	15	14
50	20	19	19	18	18	17	17	17	16	16	15	15	15	14	14	14

RECHENBEISPIEL

Bei einer Frau mit einem Taillenumfang von 91 und einem Hüftumfang von 108 Zentimetern beträgt der Taillen-Hüftumfang-Wert 91 : 108 = 0,84, also knapp über dem optimalen Wert.
Ist diese Frau 1,75 Meter groß und wiegt 70 Kilo, beträgt ihr Body-Mass-Index 22,87 und liegt damit im normalen Bereich. Sind ihre Cholesterinwerte in Ordnung, besteht kein erhöhtes Risiko für eine koronare Herzkrankheit.

Der Körpertyp

Um das Risiko einer Herz-Kreislauf-Erkrankung zu bestimmen, ist nicht nur das Gewicht, sondern auch der Körpertyp zu betrachten. Jeder Mensch hat so seine Problemzonen. Manche sind oben herum schlank, haben eine Wespentaille, und darunter gehen sie auseinander. Man möchte glauben, der gesamte Speck habe sich um Hüften und Oberschenkel angesammelt. Bei anderen sind die überflüssigen Pfunde gleichmäßig über den ganzen Körper verteilt. Das beginnt beim runden Gesicht mit den Pausbacken und setzt sich über Bauch, Arme, Po und Beine fort bis nach unten. Wieder andere tragen ihre Pfunde direkt vor sich her. Von hinten wirken sie meist schlank. Doch am Bauch wölbt sich eine Riesenkugel. Nun hat sich herausgestellt, dass Menschen, deren Fettanteil sich hauptsächlich im Bauchbereich befindet (Apfeltyp), ein größeres Risiko haben, an einer koronaren Herzkrankheit zu erkranken. Typen, bei denen sich das Fettgewebe eher über Hüften und Oberschenkel verteilt (Birnentyp), sind weniger gefährdet.
Auch hier gibt es Idealmaße, und zwar ist das Verhältnis von Taillen- und Hüftumfang relevant. Messen Sie Ihren Taillenumfang und teilen Sie den Wert durch Ihren Hüftumfang. Der optimale Wert für Frauen liegt bei 0,8, für Männer bei 1,0.

Wenn Sie vor dem Spiegel stehen, seien Sie nicht zu kritisch mit sich selbst – die anderen sind es meist auch nicht. Und bedenken Sie, dass es unterschiedliche Körpertypen gibt, gegen deren Ausprägungen keine Diät der Welt etwas tun kann: Ein Apfeltyp wird immer ein Apfeltyp bleiben, selbst wenn er noch so viel abnimmt.

Abnehmen – aber wie?

Auf Dauer bekommt man sein Gewicht nur in den Griff, wenn man falsche Essgewohnheiten ablegt und sich sinnvoll ernährt. Schnelle Diäten bringen überhaupt nichts. Zwar nimmt man damit kurzfristig ein paar Kilo ab, doch sobald man damit aufhört und wieder in sein altes (falsches) Essverhalten zurückfällt, sind die Pfunde wieder da. Und schlimmer noch: Die meisten Menschen werden von Diät zu Diät immer dicker. Dieser so genannte Jo-Jo-Effekt hängt einmal damit zusammen, dass fast alle Diäten sehr einseitig sind und Sie auf vieles verzichten müssen, was Ihnen schmeckt. So ist es kein Wunder, wenn Sie nach Beendigung der Diät heißhungrig genau diese Dinge wieder in großen Mengen essen – und meist sind es ja die Dickmacher, die verboten sind.

Jeder, der schon einmal eine Diät gemacht hat, kennt den gefürchteten Jo-Jo-Effekt: Kaum hat man die Diät beendet, schon klettert der Anzeiger der Waage wieder nach oben – und meist sogar weiter als vorher.

Auf der anderen Seite hat das Phänomen mit einer eigentlich wunderbaren Fähigkeit unseres Körpers zu tun. Bekommt er plötzlich weniger oder gar keine Nahrung, schaltet der Organismus auf Sparflamme. Alle Prozesse laufen langsamer ab, weshalb wir auch in Mangelzeiten lange überleben können ohne zu verhungern. Bei den meisten Diäten tritt genau dieser Effekt ein – der Körper gewöhnt sich an die Mangelernährung. Doch sobald das Angebot wieder reichlicher wird, füllt er ganz schnell seine Reserven auf, um für die nächste Hungersnot gerüstet zu sein. Und gleichzeitig verbrennt er weiterhin genauso langsam, wie er es während der Diät »gelernt« hat. Die Folge ist vielen von uns leider wohl bekannt: Wir nehmen die mühsam abgehungerten Pfunde schnell wieder zu, und oft noch mehr, da der Körper ja nun weniger Nahrung braucht.

Den Jo-Jo-Effekt verhindern

Langfristig das Gewicht zu reduzieren und auf einem vernünftigen Level zu halten erfordert also Zeit und Geduld – und bei den meisten Menschen eine Ernährungsumstellung.

Ausdauersportarten wie das Schwimmen wirken sich positiv auf Herz-Kreislauf-Erkrankungen aus – und halten die Figur in Form.

Denn um nur ein Kilo Körperfett abzubauen, muss man rund 7000 Kalorien einsparen oder, etwa durch Sport, zusätzlich verbrauchen. Und das ist – wie unschwer zu erkennen ist – eine ganze Menge.

Ernähren Sie sich sehr kalorienreich, können Sie vielleicht täglich bis zu 1000 Kalorien einsparen und damit pro Woche etwa ein Kilo abnehmen. Schneller sollte es aber auf gar keinen Fall gehen, denn sonst tritt der Diät- und im Anschluss daran der gefürchtete Jo-Jo-Effekt ein. Natürlich kann Ihnen dies auch bei einer abwechslungsreichen, kalorienreduzierten Kost passieren. Um das zu verhindern, ist es wichtig, nach dem Abnehmen den Körper langsam wieder an größere Energiemengen zu gewöhnen. Haben Sie also 1000 Kalorien am Tag gespart und Ihr persönliches Wohlfühlgewicht bzw. den idealen BMI erreicht, steigern Sie die Nahrungsaufnahme langsam. Nehmen Sie täglich nur 100 Kalorien mehr zu sich, und zwar so lange, bis Sie wieder bei der normalen Kalorienmenge angelangt sind. So verhindern Sie, dass Sie gleich wieder zunehmen.

Wichtig sind nicht nur die Tage während der Diät, sondern auch die danach: Damit der Körper nicht gleich wieder Pölsterchen schafft, muss er ganz langsam an mehr Kalorien gewöhnt werden.

Gehen Sie niemals hungrig einkaufen. Sonst nützt Ihnen das beste Diätvorhaben nichts.

Bewusst einkaufen

Wenn Sie noch nicht so genau wissen, welche Lebensmittel viele und welche weniger Kalorien haben, wird es Ihnen für den Anfang nicht erspart bleiben, ein wenig Kalorien zu zählen. Doch das ist gar nicht so schwer: Auf vielen fertigen Produkten ist heute die Energiemenge angegeben, achten Sie schon beim Einkauf darauf. Sie können sich auch eine Kalorien- und Nährwerttabelle besorgen und bei der Zusammenstellung Ihres Einkaufszettels leichte Alternativen zu den gewünschten Nahrungsmitteln heraussuchen. Beispiele finden Sie in der Tabelle auf Seite 65. Im Laufe der Zeit entwickeln Sie ein Gespür für die optimale Auswahl und Sie brauchen weder zu rechnen noch zu zählen oder Listen zu lesen, ehe Sie einkaufen oder kochen. Wichtig beim Abnehmen oder Gewicht halten ist, dass Sie sich grundsätzlich nichts verbieten, was Ihnen schmeckt. Denn jegliche Kasteiung führt nur zu Frust und zur Aufgabe Ihres Vorhabens. Ebenso wichtig ist, dass Sie sich immer satt essen. Permanentes Hungergefühl führt mit Sicherheit dazu, dass Sie irgendwann schwach werden und sich dann – gewichtsschädlich – »den Bauch vollschlagen«. Es kommt bei einer erfolgreichen Diät in erster Linie darauf an, nach und nach schlechte Gewohnheiten durch gute zu ersetzen.

Fett und Zucker reduzieren

Am einfachsten können Sie Kalorien einsparen, indem Sie sichtbare und versteckte Fette reduzieren. Gewöhnen Sie es sich an, bei allem, was Sie kaufen, auf den Fettgehalt zu achten, und greifen Sie immer zur fettärmeren Variante, die es heute bei fast allen Produkten gibt.

Ein zweiter wichtiger Faktor ist Zucker. Schränken Sie also den Konsum von süßen Sachen ein. Haben Sie große Lust auf Kuchen oder Schokolade, gönnen Sie sie sich – aber nur in kleinen Mengen. Genießen Sie ein oder zwei Pralinen. Sie haben mehr davon, als wenn Sie mit schlechtem Gewissen eine ganze Schachtel leeren. Und Ihr Appetit auf Süßes wird genauso befriedigt. Backen Sie Kuchen selbst, dann können Sie Fett- und Zuckergehalt reduzieren. Verwenden Sie etwa Diätmargarine und cholesterinfreies Ei-Ersatzpulver und nur die Hälfte des im Rezept angegebenen Zuckers oder – falls Sie ihn mögen – Süßstoff. Damit tun Sie Ihrem Gewicht und Ihren Cholesterinwerten einen großen Gefallen.

Eine besondere Art von Tagebuch ist das Ernährungsprotokoll, das wir Ihnen vorschlagen. Wenn Sie über einen gewissen Zeitraum alles festhalten, was Sie zu sich nehmen, werden Sie eine Menge über Ihr persönliches Essverhalten erfahren.

Wirksame Hilfe – das Ernährungsprotokoll

Wenn Sie nicht so recht wissen, wo Sie Kalorien sparen können, weil Sie der Meinung sind, dass Sie ohnehin nicht so viel essen, führen Sie eine Zeitlang Buch über Ihre Ernährungsgewohnheiten. Schreiben Sie ein oder zwei Wochen lang haarklein auf, was Sie essen und was Sie trinken. Sie sollten wirklich jeden Bissen und jeden Schluck notieren. Anhand dieses Ernährungsprotokolls sehen Sie ganz schnell, wo Sie sparen können, bzw. was Sie besser durch gesündere und kalorienärmere Nahrungsmittel ersetzen sollten.

Wer seinen Kuchen selbst backt, kann den Fett- und Zuckergehalt reduzieren und Ei-Ersatzpulver verwenden. Dann ist am Kaffeetisch kein schlechtes Gewissen mehr nötig.

Tagespläne zum Abnehmen

Im Folgenden haben wir für Sie sechs Tagespläne zusammengestellt, mit denen Sie pro Tag nur 1800 Kalorien zu sich nehmen. Die Menüs sind fettreduziert und enthalten weniger als 200 Milligramm Cholesterin. Und das Beste ist: Sie müssen dabei durchaus nicht hungern.

Tagesplan 1

Haben Sie beim Frühstück Fett eingespart, können Sie mittags etwas mehr verwenden.

Den ganzen Tag über Tee, Kaffee (ohne Milch und Zucker), Mineralwasser so viel Sie wollen.

Frühstück Ein Brötchen, dazu zwei Esslöffel Halbfettmargarine, vier Esslöffel Magerquark, eine Scheibe Käse (30% Fett), eine Scheibe gekochten Schinken ohne Fettrand, einen kleinen Apfel, 1/2 Glas Fruchtsaft.

Vormittagsimbiss Eine Scheibe Mischbrot mit einem Esslöffel Halbfettmargarine, eine Banane.

Mittagessen 150 Gramm mageres Kalbfleisch, 200 Gramm Champignons, drei kleine Kartoffeln, eine große Portion Endiviensalat (300 Gramm). Insgesamt entweder einen Esslöffel Pflanzenöl oder 2 1/2 Teelöffel Pflanzenmargarine.

Nachmittagsimbiss Wahlweise einen Jogurt (ohne Zucker, 1,5% Fett) oder wahlweise zwei kleine Äpfel, eine Orange oder zwei Gläser Gemüsesaft.

Abendessen Vier Scheiben deutsches Cornedbeef, 1 1/2 Scheiben Vollkornbrot, ein kleines Glas Mixedpickles, eine ganze Salatgurke. Für die Gurke einen Esslöffel Pflanzenöl.

Tagesplan 2

Den ganzen Tag über Tee, Kaffee (ohne Milch und Zucker), Mineralwasser so viel Sie wollen.

Frühstück Wahlweise sechs Esslöffel Haferflocken, zwei Tassen Buttermilch, vier Teelöffel Marmelade und drei Möhren oder sechs Scheiben Knäckebrot und zwei Esslöffel Butter.

Vormittagsimbiss Zwei Vollkorntoastscheiben oder eine Scheibe Vollkornbrot mit einem Esslöffel Margarine. Dazu gibt es zwei Tassen Buttermilch oder eine Birne oder ein Glas Fruchtsaft.
Mittagessen Etwa 200 Gramm Kabeljaufilet, begleitet von einer Portion Blumenkohl und einer Portion Spinat (jeweils etwa 200 Gramm). Zum Kochen des Fisches und des Gemüses einen Esslöffel Pflanzenöl.
Nachmittagsimbiss Ein Glas Fruchtsaft oder zwei Tassen Magermilch oder ein Stück Obst.
Abendessen Rund 70 Gramm (etwa eine halbe Packung) Frischkäse (30% Fett), 1½ Scheiben Mischbrot mit 1½ Esslöffeln halbfette Margarine, fünf mittelgroße Tomaten.

Tagesplan 3

Den ganzen Tag über Tee, Kaffee (ohne Milch und Zucker), Mineralwasser so viel Sie wollen.
Frühstück Zwei Roggenbrötchen, dazu zwei Esslöffel halbfette Margarine. Ein Brötchen mit vier Teelöffeln Marmelade bestreichen, das andere mit zwei Scheiben Käse (20% Fett) belegen.
Vormittagsimbiss Ein mittelgroßes Stück Apfel.
Mittagessen 100 Gramm Huhn dünsten, dazu 60 Gramm Reis und 250 Gramm Spargel kochen, Salat aus fünf klein geschnittenen Tomaten und einer kleinen fein gehackten Zwiebel zubereiten. Salat salzen und pfeffern, nach Wunsch mit einem Esslöffel Speiseöl abschmecken.
Nachmittagsimbiss Ein Glas Buttermilch oder entrahmte Milch (0,3% Fett).
Abendessen Drei Scheiben Pumpernickel mit einem Esslöffel halbfetter Margarine bestreichen. Dazu gibt es zwei Scheiben Kassleraufschnitt und sechs kleine bis mittelgroße Gewürzgurken.

Bei den Getränken haben Sie die Wahl zwischen Mineralwasser, Tee und Kaffee – die beiden letzteren allerdings ohne Zucker und Milch.

Achten Sie beim Einkaufen darauf, ungezuckerte Cornflakes und mageren Speisequark zu nehmen.

Tagesplan 4

Den ganzen Tag über Tee, Kaffee (ohne Milch und Zucker), Mineralwasser so viel Sie wollen.

Frühstück Zehn Esslöffel Cornflakes (nicht zuckern!), nach Wahl mit zwei Esslöffeln Speisequark (Magerstufe) oder einer Tasse entrahmter Milch (0,3% Fett), zwei Scheiben Sojabrot. Eine davon mit einer Scheibe Harzer Käse oder einer kleinen Scheibe gekochtem Schinken (25 Gramm, ohne Fettrand), die andere mit zwei Teelöffeln Honig.

Vormittagsimbiss Ein Stück Melone (400 Gramm) oder eine Banane (150 Gramm).

Mittagessen Ein gegrilltes Rotbarschfilet (110 Gramm), wahlweise auch mit sechs Esslöffeln Mehl panieren und in der Pfanne mit einem Esslöffel Öl braten. Als Beilage zum Fisch 150 Gramm grüne Bohnen dünsten.

Nachmittagsimbiss Einen Becher Jogurt (1,5% Fett).

Abendessen Drei Scheiben Leinsamenbrot oder Grau-/ Mischbrot mit zwei kleinen Forellenfilets (80 Gramm). Dazu einen grünen Salat (175 Gramm) mit zwei Tomaten, ½ Paprika (90 Gramm) und einer kleinen Zwiebel. Mit einem Esslöffel Öl und etwas Essig anmachen, nach Geschmack salzen und pfeffern.

Tagesplan 5

Den ganzen Tag über Tee, Kaffee (ohne Milch und Zucker), Mineralwasser so viel Sie wollen.

Frühstück Sieben Esslöffel Haferflocken (70 Gramm) mit vier Esslöffeln Speisequark (Magerstufe), ½ Birne mischen und mit zwei Teelöffeln Honig süßen.

Vormittagsimbiss Weintrauben (140 Gramm).

Mittagessen Kleine Portion sehr mageres Schweinefleisch (max. 100 Gramm), dazu 150 Gramm grüne Bohnen und drei Kartoffeln (240 Gramm).

Nachmittagsimbiss Vier Mandarinen (250 Gramm) oder wahlweise zwei kleine Orangen. Dazu ein Glas Buttermilch (200 Gramm) oder entrahmte Milch.
Abendessen Drei Scheiben Grahambrot oder zwei Roggenbrötchen mit zwei Esslöffeln halbfetter Margarine dünn bestreichen. Als Auflage zwei Esslöffel Speisequark mit Radieschen (250 Gramm) und eine dünne Scheibe kalten, mageren Bratenaufschnitt oder ein geräuchertes Makrelenfilet (50 Gramm).

Tagesplan 6

Den ganzen Tag über Tee, Kaffee (ohne Milch und Zucker), Mineralwasser soviel Sie wollen.
Frühstück Kakaogetränk mit 150 Gramm Milch (1,5% Fett) und zehn Gramm Kakao (natürlich ohne Zucker!), dazu drei Scheiben Mehrkorntoast, mit einem Esslöffel Halbfettmargarine und zwei Esslöffeln Marmelade (25 Gramm) bestreichen.
Vormittagsimbiss Eine Orange (150 Gramm), dazu 150 Gramm Jogurt (1,5% Fett).
Mittagessen 100 Gramm möglichst mageres Rindersteak mit einem Esslöffel Öl in der Pfanne braten oder grillen, dazu 15 Gramm Schinken in Würfel geschnitten, 20 Gramm fein gehackte Zwiebeln und etwas Salz und Pfeffer. 200 Gramm Blumenkohl dünsten, zwei Esslöffel halbfette Margarine darüber geben und mit einem Teelöffel Semmelbröseln garnieren, dazu 200 Gramm gedünstete Kartoffeln.
Nachmittagsimbiss 50 Gramm Hefegebäck mit 25 Gramm Marmelade.
Abendessen Ein Bauernsalat mit 100 Gramm Salatgurke, einer Tomate, je 50 Gramm Radieschen und 50 Gramm Champignons, 30 Gramm Schafkäse (30% Fett), Petersilie, Oregano, Salz und Pfeffer, angemacht mit einem Esslöffel Olivenöl. Dazu zwei Vollkornbrötchen.

Bei manchen Tagesplänen sind mehrere Alternativen angegeben - so können Sie nach Lust und Laune entscheiden, worauf Sie Appetit haben.

Cholesterin und Stress

Gerade für Frauen bedeutet die Doppelbelastung von Familie und Beruf Stress.

Neben Gewicht und Ernährungsweise gibt es leider noch einen weiteren wichtigen Faktor, der die Cholesterinwerte beeinflusst: Stress. Ein optimales Gewicht und eine cholesterinbewusste Ernährung allein reichen nicht aus, um die Blutfette im grünen Bereich zu halten. Zu viel Stress kann all diese Bemühungen zunichte machen, denn er lässt die Cholesterinwerte in die Höhe schnellen.

So reagiert der Körper auf Stress

Stress ist menschheitsgeschichtlich eigentlich eine gute Sache. Wenn unsere Vorfahren vor vielen tausend Jahren in Gefahr gerieten, etwa von einem wilden Tier oder von anderen Menschen angegriffen wurden, konnten sie nur flüchten oder kämpfen. In beiden Fällen brauchten sie ganz plötzlich mehr Kraft als sonst. Darum reagierte der Körper blitzschnell mit der Ausschüttung bestimmter Hormone – und das tut er in solch einer Situation noch heute. Diese Hormone führen dazu, dass Fettsäuren freigesetzt werden, damit genug Energie vorhanden ist. Herzschlag und Blutdruck steigen an und periphere Blutgefäße verengen sich. So wird die nötige Kraft und Schnelligkeit aufgebracht, um zu reagieren.

Dass auch Stress ein wichtiger Auslöser für einen erhöhten Cholesterinspiegel ist, ist mittlerweile wissenschaftlich belegt.

Heute können wir in aller Regel weder kämpfen noch flüchten, wenn wir Stress haben. Doch da unser Körper immer noch auf die gleiche Weise funktioniert wie bei unseren Urahnen, haben wir ein Problem. Dr. Volker Schmiedel beschreibt dies etwa so: Die Nebenniere schüttet in einer Stresssituation vermehrt die

Stresshormone Adrenalin und Noradrenalin aus. Diese sorgen dafür, dass aus den Fettzellen mehr Fettsäuren als sonst ins Blut gelangen. Werden diese Fettsäuren nicht durch körperliche Aktivität (Flucht, Kampf oder heutzutage einfach körperliche Bewegung wie Sport, Jogging, Rad fahren) sofort wieder verbrannt, steigen die Triglyzeride. Außerdem aktiviert das Noradrenalin ein bestimmtes Enzym, das bei der Synthese von Cholesterin eine wichtige Rolle spielt, während das Adrenalin zusätzlich die LDL-Rezeptoren, das sind Moleküle, die LDL binden und aus dem Blut in die Zellen transportieren, beeinträchtigt. Das bedeutet, dass zwar mehr Cholesterin hergestellt, aber weniger aus dem Blut abtransportiert wird. Darüber hinaus fördern die Stresshormone die Sauerstoffverbrennung im Körper, unabhängig davon, ob man sich bewegt oder nicht. Dies wiederum stellt ein erhöhtes Risiko für Arteriosklerose dar. Andauernder und häufiger Stress ist also ein Risikofaktor für koronare Herzkrankheiten und kann zu einem erhöhten Cholesterinspiegel führen.

Im Idealfall sollte man auf Stress mit körperlicher Bewegung reagieren – leider ist dies im Alltag nicht immer möglich. Deshalb ist es notwenig, andere Techniken zu erlernen, um auf Stress richtig zu antworten.

Stressfaktoren

Nun werden wir heutzutage weder von wilden Tieren noch von anderen Gefahren aus grauer Vorzeit bedroht. Stress bereiten uns ganz andere Dinge, z. B. großer Zeitdruck oder totale Arbeitsüberlastung. Aber auch Leistungsdruck, der entsteht, wenn wir unsere eigenen oder die Erwartung anderer an unsere Leistungen nicht erfüllen können. Oder wir strengen uns wie verrückt an, im Beruf oder im Alltag, erhalten aber keine Anerkennung dafür. In allen Fällen spielt die Psyche eine wichtige Rolle. Negative Gefühle wie Angst, Sorgen, Ärger, Misstrauen, Wut und Zorn verursachen uns ebenso Stress.

Für unseren Körper kommt der Stress aber nicht nur aus der Psyche, also aus unserem Alltagsleben. Vielmehr reagiert unser Organismus mit denselben Symptomen und Mechanismen auf körperliche Beeinträchtigungen. Auf Verletzungen beispielsweise, auf Operationen, auf schwere Krankheiten, auf Schmerzen. Bei einem Unfall werden genauso Stresshormone ausgeschüttet wie bei einer Zahnbehandlung. Und nicht zuletzt stressen uns auch Umweltverschmutzungen, Strahlenbelastungen, Lärm und schlechte Luft.

Sehen wir uns die Anzahl der Stressfaktoren an und bedenken, welche Reaktionen jedes Mal in unserem Körper ablaufen, wundert es uns nicht mehr, dass häufiger Stress, der nicht bewältigt und abgebaut wird, krank machen kann.

Stressbewältigung:
- *Stress vermeiden*
- *Einstellung ändern*
- *Richtig entspannen*

Im Grunde wäre es also notwendig, nach jeder Aufregung sofort ein paar Runden zu laufen, 50 Liegestützen zu machen oder mit dem Gegenüber eine Schlägerei zu beginnen, damit der Stress dem Körper nicht schadet. Wir können jedoch nicht einfach wegrennen, wenn uns der Chef kritisiert oder wenn unser Kind einen Trotzanfall bekommt. Noch können wir einen anderen Menschen einfach niederschlagen, nur weil er sich an der Kasse im Supermarkt vordrängelt. Wir müssen also lernen, auf andere Weise mit dem Stress zurechtzukommen.

Bei Stress unterscheidet man zwischen positivem und negativem Stress. Nur letzterer macht uns krank.

Stress vermeiden

Stress zu vermeiden ist ein wichtiger Punkt auf dem Weg zu einem gesünderen Leben. Doch dies ist leichter gesagt als getan, schließlich können wir uns nicht für den Rest des Lebens ins Bett legen und die Decke über den Kopf ziehen. Doch das ist auch gar nicht damit gemeint. Es gibt wirklich viele Situationen, in denen Stress durchaus zu vermeiden ist.
Ein ganz einfaches Beispiel ist der Zeitdruck. Ist es wirklich nötig, immer auf den letzten Drücker aus dem Haus zu gehen, sodass wir nur mit größter Eile den Weg zur Arbeit, zu unserer Verabredung, ins Kino, ins Theater schaffen und uns jede rote Ampel an den Rand der Verzweiflung bringt, weil wir dann zu spät kommen? Gehen Sie zehn Minuten früher los, stellen Sie morgens den Wecker ein wenig früher – so ersparen Sie sich die Hektik und Ihrem Körper die Stressfolgen.

Das Stresstagebuch

Bei jedem Menschen gibt es eine ganze Reihe von Stressmomenten, die zu vermeiden wären. Um diese herauszufinden, ist ein Stresstagebuch, das Sie eine Woche oder einen Monat lang führen, eine ganz gute Hilfe. Notieren Sie darin einfach, was Sie den ganzen Tag tun und bewerten Sie die einzelnen Aktivitäten danach, wie viel Druck Sie dabei auszuhalten haben. Sehen Sie sich dann die Situationen daraufhin an, ob Sie womöglich darauf verzichten, ihnen entgehen oder sie verändern können, damit weniger Stress entsteht.
Vielleicht stellen Sie fest, dass Sie jeden Abend unterwegs sind. Möglicherweise lassen sich Verabredungen reduzieren. Oder Sie merken, dass Sie von einer Veranstaltung zur nächsten rennen, ohne Verschnaufpause dazwischen. Dann sollten Sie sich überlegen, ob Sie tatsächlich überall dabei sein müssen. Oder Sie stellen fest, dass Sie sich oft mit Leuten treffen, mit denen Sie regelmäßig in Streit geraten. Brauchen Sie diese

Wie bei der Erforschung der Ernährungsgewohnheiten schlagen wir Ihnen auch zum Thema Stress ein Tagebuch vor, in dem Sie Ihre persönlichen Stressmomente festhalten.

Kontakte wirklich? Vielleicht fällt Ihnen auch auf, dass Sie sich im Beruf übermäßig anstrengen, um vorwärts zu kommen, jedoch nichts erreichen. Dann sollten Sie darüber nachdenken, ob Sie nicht mit Ihrer momentanen Position zufrieden sind, und in Zukunft den übermäßigen Einsatz bleiben lassen. Möglicherweise wäre es aber auch besser, nach einer neuen Stelle Ausschau zu halten, bei der Ihre Fähigkeiten mehr honoriert werden.

Es gibt verschiedene Stresstypen

Wo Stress abzubauen und zu vermeiden ist, muss jeder für sich selbst herausfinden. Auch, ob er womöglich zu den besonders stressanfälligen Menschen gehört. Denn tatsächlich scheint es verschiedene Stresstypen zu geben. Das eine Extrem sind diejenigen, die ununterbrochen genervt, in Eile, gehetzt und überarbeitet sind – egal was sie tun. Und dann gibt es diejenigen, denen scheinbar nichts zu viel wird, die offensichtlich nichts aus der Ruhe bringen kann. Falls Sie zu den Ersteren gehören, sollten Sie ernsthaft versuchen sich zu ändern – Ihr Körper wird es Ihnen danken. Sie sollten lernen, ein wenig mehr Gelassenheit an den Tag zu legen, sich zwischendurch öfter mal zu entspannen. Sie werden sehen, dass man auch mit Ruhe Großes leisten und erfolgreich sein kann.

In der Ruhe liegt die Kraft – wie der Volksmund sagt. Dass diese Sentenz durchaus klug und richtig ist, sollten sich alle Stresstypen immer wieder klarmachen.

Die Einstellung ändern

Natürlich gibt es jede Menge Stresssituationen in unserem Leben, die sich nicht vermeiden lassen. Einen Stau auf der Autobahn kann man nicht wegzaubern. Den cholerischen, ungerechten Chef kann man nicht aus dem Weg schaffen, höchstens verlassen, aber es gibt keine Garantie dafür, dass der nächste besser ist. Geldknappheit lässt sich nicht durch einen Banküberfall lösen. Eine Krankheit bei sich selbst, dem Ehemann, den Kindern oder Eltern kann man nicht ignorieren.

Was aber tun, wenn etwas nicht zu ändern ist? Um die körperlichen Folgen von Stress zu vermeiden, hilft da nur eines: Wir müssen unsere Haltung gegenüber dem Stressauslöser verändern, müssen das, was wir nicht ändern können, akzeptieren und lernen, gelassen damit umgehen. Doch das ist eine Forderung, die zugegebenermaßen sehr schwer zu erfüllen ist. Besonders wir westlichen Menschen, deren Lebensphilosophie Vorwärtsstreben und immer weitere Entwicklung ist, haben es meist nicht gelernt, Unabänderliches einfach anzunehmen. Wir kämpfen stattdessen dagegen an wie Don Quichote gegen die Windmühlenflügel und ruinieren uns selbst dabei.

Wenn Ihr Cholesterinspiegel zu hoch ist, obwohl Sie sich optimal ernähren, Idealgewicht haben, gesund leben (nicht rauchen, nicht übermäßig trinken, regelmäßig Sport treiben) und Ihr Arzt eine vererbte Fettstoffwechselstörung oder eine andere Krankheit als Ursache ausgeschlossen hat, können Sie ziemlich sicher davon ausgehen, dass der Stress die Fette hochtreibt. Dann bleibt Ihnen gar nichts anderes übrig, als Techniken zu entwickeln, mit Ihrem Stress adäquat umzugehen.

Für uns westlich orientierte Menschen ist es nicht immer ganz leicht, Dinge als unabänderlich anzunehmen und gelassen darauf zu reagieren. In anderen Kulturen, etwa im asiatischen Raum, ist dieses Verhalten sehr viel weiter verbreitet.

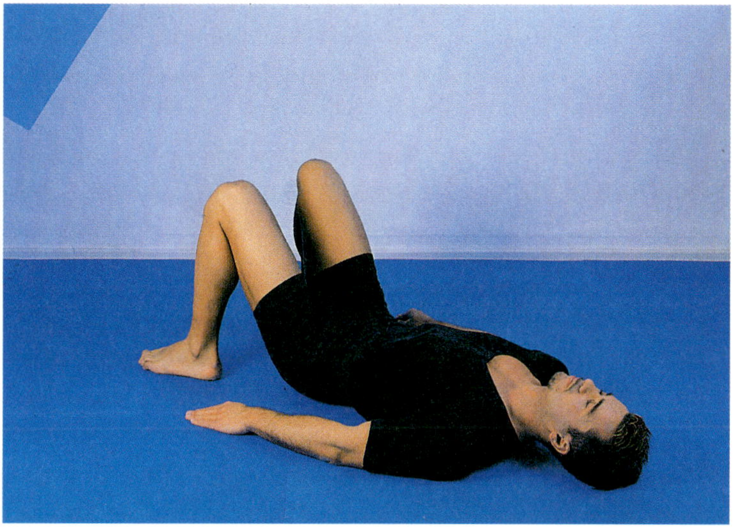

Yoga, autogenes Training oder Muskelentspannung sind bewährte Hilfen gegen Stress.

Wenn Sie sich nicht sicher sind, welche Entspannungstechnik für Sie geeignet ist, dann vereinbaren Sie nach Möglichkeit ein paar »Schnupperstunden«. So können Sie am besten herausfinden, was für Sie passen könnte.

Voraussetzung für eine Veränderung sind Geduld und guter Wille

Es gibt eine ganze Reihe von unterschiedlichen Methoden, seine Haltung gegenüber den immer wieder auftretenden Stressauslösern zu verändern. Allen ist gemeinsam, dass ein wenig Geduld und guter Wille erforderlich sind. Was wir über Jahre hinweg gewohnt waren, lässt sich nicht über Nacht umkrempeln. Aber für eine bessere Gesundheit lohnt es sich, Zeit zu investieren.

Ideal auch für uns Westeuropäer sind asiatische Techniken, wie etwa Yoga, das eine Mischung aus geistigem und körperlichem Training bietet. Lässt man sich auf die Sichtweise der Dinge so ein, wie es diese Jahrtausende alte Lehre vorsieht, kann sie das eigene Leben grundlegend verändern. Mit Yoga kann man sehr viel für den Körper, die Seele und sein Wohlbefinden tun. Kurse gibt es fast überall, bei Volkshochschulen, in Zentren für Erwachsenenbildung, bei Familienberatungsstellen oder in besonderen Yogaschulen. Fragen Sie nach der Möglichkeit, an einer Probestunde teilzunehmen.

Manche Menschen ziehen asiatische Kampfsportarten wie Taekwondo, Judo oder Jiu-Jitsu vor, die ebenfalls eine Mischung aus geistiger und körperlicher Übung darstellen. Auch dabei kann man lernen, sein Leben besser in den Griff zu bekommen, gelassener mit Problemen umzugehen. Entsprechende Kurse und Schulen für verschiedene Techniken und mit unterschiedlichen Schwierigkeitsgraden werden mittlerweile fast überall angeboten.

Eine weitere Möglichkeit zu lernen, mit Stressauslösern fertig zu werden, ist es, psychotherapeutische Hilfe in Anspruch zu nehmen. Vor allem die verhaltenstherapeutisch orientierte Psychotherapie hilft sehr erfolgreich bei Stressbewältigungsproblemen. Anlaufstellen sind psychologische Beratungsstellen, die es heute auch schon in kleineren Orten gibt.

Richtig entspannen

Die dritte Säule zur Stressbewältigung - neben Stressvermeidung und Änderung der Einstellung - ist die körperliche und geistige Entspannung. Eine gewisse Portion Stress lässt sich gut aushalten, wenn man zwischendurch immer wieder abschalten kann. Extrem schädlich ist vor allem der Dauerstress ohne Möglichkeit, auch nur kurzfristig zur Ruhe zu kommen. Das leuchtet ein, wenn man sich vorstellt, dass Körper und Seele in diesem Fall unentwegt unter Hochspannung stehen.

Am besten kommen wir mit Stress klar, wenn wir jedes Ereignis direkt abbauen können. Da man sich nur selten körperlich abreagieren kann, etwa nach einem Streit eine Runde um den Block laufen, ist es eine sinnvolle Alternative, stattdessen eine kurze Entspannungsübung zu praktizieren. Dies kann direkt nach oder während einer Stressreaktion stattfinden, um die unmittelbare Wirkung abzuschwächen. Doch unabhängig davon sollten wir versuchen, regelmäßig einmal am Tag zur Ruhe zu kommen bzw. ein kleines Antistressprogramm einzubauen.

Wer an seiner Belastung durch Stress arbeiten möchte, tut gut daran, seine Einstellung zu diesem Phänomen genauer unter die Lupe zu nehmen. Denn oft hilft es schon, sich einfach zwischendurch ganz bewusst zu entspannen.

Jeder Mensch braucht täglich eine kurze Entspannungsphase, um Geist und Körper wieder in Einklang zu bringen.

Kümmern Sie sich um sich selbst

Eine sehr einfache Möglichkeit sich zu entspannen ist, sich selbst etwas Gutes zu tun – und das am besten jeden Tag. Das können ganz kleine Dinge sein, die nur wenig Zeit in Anspruch nehmen. Etwa ein heißes Bad nehmen, ein gutes Buch lesen, ins Kino gehen oder einfach alle Viere auszustrecken und gar nichts zu machen. Wichtig ist, dass man Spaß daran hat, sich freut, sich wohl fühlt. Mit Sicherheit hat jeder Mensch gewisse Vorlieben, die er sich aber meist versagt, weil er »keine Zeit« hat, weil er eigentlich etwas »Sinnvolles« tun sollte oder überhaupt glaubt, solcher Luxus stünde ihm nicht zu.

Versuchen Sie jeden Tag mindestens einmal etwas zu tun, was Ihnen so richtig gut tut. Dabei ist es egal, ob Sie sich in die Badewanne legen oder ein gutes Buch lesen. Das Wichtigste ist, dass Sie sich so richtig wohl fühlen.

Doch Sie sollten sich eine Sache klarmachen: Wenn Sie nicht gut zu sich selbst sind, können Sie auch nicht erwarten, dass andere gut zu Ihnen sind. Fragen Sie sich also jeden Tag: Habe ich mich heute schon gefreut? Und werden Sie im positiven Sinn aktiv, falls Sie diese Frage mit nein beantworten müssen. Versuchen Sie, alle schönen Momente in Ihrem Leben bewusst wahrzunehmen und vollständig zu genießen. Das entschädigt Sie für jede Menge Stress und entspannt Körper und Seele garantiert.

TUN SIE SICH SELBST ETWAS GUTES

- Ein heißes Bad nehmen
- Ausgiebig duschen
- Einen Roman lesen
- Musik hören
- Ins Kino/Theater gehen
- Auf dem Sofa faulenzen
- Zum Friseur gehen
- Zur Maniküre gehen
- Zur Kosmetikerin gehen
- In Ruhe frühstücken
- Sich massieren lassen
- In die Sauna gehen
- Ins Schwimmbad gehen
- Einen ausgedehnten Spaziergang machen
- Sich mit einer Zeitung in ein Café setzen
- Sich eine kleine Leckerei gönnen
- Das Leibgericht kochen

Entspannungstechniken

Neben den Glücksmomenten, die Sie sich selbst verschaffen können, sind konkrete Entspannungstechniken ein wirksames Mittel bei der Stressbekämpfung. Solche Techniken können Sie auch in akuten Stresssituationen anwenden, was Sie dazu befähigt, die Situation wieder in den Griff zu bekommen oder zumindest vom Stress nicht überrollt zu werden.

Es ist sinnvoll, solche Techniken in Kursen zu lernen, denn Bücher und Videos können nur anleiten und keine Fehler korrigieren. Solche Kurse werden vielerorts angeboten, etwa an Volkshochschulen, von Krankenkassen sowie in Gesundheitsparks.

Am einfachsten und besten erlernt man alle Entspannungstechniken in speziellen Kursen – denn nur dann hat ein Lehrer die Möglichkeit, eventuelle Fehler zu korrigieren.

Autogenes Training

Über Yoga als Entspannungstechnik haben wir schon gesprochen. Eine weitere Methode ist das autogene Training. Dabei nimmt man eine entspannte Haltung ein, entweder im Liegen oder Sitzen, und veranlasst den Körper, sich vollständig zu entspannen, indem man sich bestimmte Formeln immer wieder vorsagt. Autogenes Training braucht anfangs ein wenig Übung, möglichst täglich, ist dann aber überaus wirkungsvoll und benötigt vor allem nur sehr wenig Zeit.

Ein weiterer Vorteil ist, dass man es praktisch überall und immer anwenden kann, man muss nur die Möglichkeit haben, sich entspannt hinzusetzen oder hinzulegen. Nach einer stressigen Geschäftsbesprechung beispielsweise reichen schon fünf Minuten autogenes Training, das Sie am Schreibtisch sitzend absolvieren können, und Sie sind wieder fit für die nächste Herausforderung.

Progressive Muskelentspannung

Eine weitere bewährte Methode ist die progressive Muskelentspannung nach Jacobson. Dabei wird jede einzelne Muskelgruppe zuerst bewusst angespannt und dann abrupt wieder losgelassen. Auf Anspannung folgt immer Entspannung. Wenn man diese Methode beherrscht, lässt sie sich ebenfalls ohne Mühe in fast jeder Lebenslage anwenden und hilft wunderbar bei der Schnellentspannung.

Atemtechnik

Die richtige Atemtechnik ist ebenfalls eine wirkungsvolle Methode, sich sowohl ausgiebig als auch schnell zu entspannen und zur Ruhe zu kommen. Dabei wechseln Sie von der Brustatmung zur Bauch- oder Zwerchfellatmung: Sie atmen langsam durch die Nase ein und lassen den Atem tief in den Bauch strömen, so dass Sie spüren, wie die Bauchdecke sich hebt. Zur Kontrolle legen Sie die Hand darauf. Nun atmen Sie ruhig durch den Mund wieder aus, dabei senkt sich die Bauchdecke wieder.

Tief durchatmen! – Ein alter, aber immer noch gültiger Ratschlag zur Entspannung.

Sie können dabei langsam jeweils bis fünf zählen oder im Geist den Weg Ihres Atems bis tief hinein in den Bauch verfolgen. Wichtig ist nur, sich in diesem Moment ganz auf das Atmen zu konzentrieren.
Auf diese Weise kommen Sie einerseits innerlich zur Ruhe und nehmen zugleich mehr frischen Sauerstoff auf – Sie atmen mehr verbrauchte Luft aus als bei der oberflächlichen Brustatmung. Beides zusammen ergibt einen optimalen Entspannungseffekt.

Weitere Entspannungstechniken

Es gibt noch eine ganze Reihe weiterer Entspannungstechniken, die man alle relativ leicht erlernen kann. Bei dieser großen Auswahl dürfte für jeden Interessierten etwas dabei sein.
Bei der Tiefenentspannung mit Hilfe von Bildern schließt man die Augen und stellt sich intensiv etwas Ruhiges oder sehr Schönes, etwa die Flamme einer Kerze, eine wunderschöne Landschaft, eine beruhigende Farbe vor. Sobald Geist und Seele entspannt sind, wird auch der Körper ruhig.

Falls es mit den Vorstellungen, den »Visualisierungen« nicht so gut klappt, ist auch das eine wunderbare Methode: Sie legen sich flach auf den Rücken, lassen alle Muskeln locker. Dann versuchen Sie Ihren Körper Zentimeter für Zentimeter zu spüren. Beginnen Sie bei den Füßen. Fragen Sie sich, am besten mit geschlossenen Augen: Wie fühlen sich meine Zehen, meine Fußsohlen, meine Fersen an? Welchen Kontakt haben sie zur Unterlage? Dann gehen Sie Stück für Stück nach oben. Fühlen Sie Ihre Waden, Knie und Kniekehlen, Gesäß, Rücken, Brustkorb, Arme, Beine, Hände, Wirbelsäule und Kopf. Am Kopf können Sie noch extra Augen, Ohren, Stirn, Kinn und Wangen erfühlen. Sind Sie damit fertig, werden Sie feststellen, dass sich Ihre Muskeln erheblich entspannt haben.

Auch eine Meditation kann bei der Entspannung helfen. Genauso wie Singen, Musik hören, selbst ein Instrument spielen. Manche Menschen entspannen sich bei regelmäßiger Gymnastik, beim Radfahren, Schwimmen, Joggen oder Wandern. Wichtig ist: Alles ist erlaubt, was gut tut und einen Kontrapunkt zum anstrengenden Berufs- und Alltagsleben setzt.

Das richtige Zusammenspiel von Körper und Geist ist für alle Entspannungstechniken ein wesentlicher Faktor. Auch wenn es anfangs vielleicht ein wenig schwer fällt, mit etwas Übung ist es gar nicht so schwierig, seinen Körper zu erspüren.

Das Feuer einer Kerze wirkt beruhigend. Es kann als Hilfe bei Meditationsübungen dienen.

Cholesterin und Bewegung

Sport senkt den Cholesterinspiegel nur, wenn er regelmäßig praktiziert wird.

Nach Untersuchungen haben Menschen, die Sport treiben, niedrigere LDL- und Triglyzeridwerte, und das günstige HDL ist höher als bei Untrainierten.

Dass regelmäßiger Sport gut für die Gesundheit ist, dürfte heute jeder wissen. Man fühlt sich besser, es ist leichter, sein Gewicht im Griff zu halten, der Blutdruck bleibt im gesunden Bereich – alles Aspekte, die vor einer ganzen Anzahl von Krankheiten schützen. Tatsächlich wirkt sich regelmäßige Bewegung auch positiv auf den Cholesterinspiegel aus.

Nur Ausdauer lohnt sich

Für unseren Cholesterinspiegel ist es keineswegs egal, welche Art von Sport wir treiben. Denn die Fettverbrennung – die gleichzeitig für die Gewichtsreduzierung von großer Bedeutung ist – kommt nur bei Ausdauersportarten in Gang. Das heißt, der Körper braucht eine gewisse Belastung über einen längeren Zeitraum. Und das in schöner Regelmäßigkeit.

Ein gemütlicher Spaziergang ist zu wenig anstrengend, der Körper beginnt erst gar nicht mit der Fettverbrennung. Strengen wir uns hingegen zu sehr an, etwa bei einem längeren Sprint oder beim Krafttraining, stellt der Körper die Fettverbrennung wieder ein und holt sich seine Kraft aus Kohlenhydraten. Das geht schneller als beim Fett.

Wir brauchen also eine Art der körperlichen Anstrengung, die dazwischen liegt. Als Faustregel gilt: Die Atemfrequenz muss zwar gesteigert werden, aber nur so viel, dass man sich gerade noch unterhalten kann. Um die optimale Pulsfrequenz für das Training zu erhalten, zieht man von 180 das Lebensalter ab und erhält so den idealen Trainingspuls. Dies ist jedoch nur

BEWEGUNG VERBRAUCHT KALORIEN

Für den Cholesterinspiegel ist es wichtig, dass wir mindestens 1000 bis 2000 Kalorien pro Woche zusätzlich durch den Sport verbrennen. Das geschieht beispielsweise, wenn wir über die Woche verteilt sechs Stunden wandern oder vier Stunden Rad fahren oder zwei Stunden und 40 Minuten zügig laufen.

eine Faustregel, die je nach Gesundheitszustand und Trainingszustand variiert. Wer bisher wenig Sport getrieben hat, sollte anfangs einen Trainingspuls von 50 bis 65 Prozent dieses Wertes anstreben und sich nach und nach auf 75 bis 100 Prozent steigern. Sind Sie völlig untrainiert, ist es ratsam, erst einen Check-up beim Arzt machen zu lassen und eventuell mit ihm ein Trainingsprogramm zu besprechen.
Grundsätzlich gilt: Bei einem Gefühl der Beengung oder Schmerzen in der Brust, Schwindelgefühl, Benommenheit oder schwerer Atemnot sofort das Training einstellen.

Faustregel: Beim Sport sollten Sie sich so anstrengen, dass Sie sich gerade noch unterhalten können.

Regelmäßig Sport treiben

Einmal in der Woche Sport reicht leider nicht aus, um eine Wirkung für unseren Cholesterinspiegel zu erzielen. Wir müssen uns mindestens dreimal, besser fünfmal pro Woche Zeit dafür nehmen. Ideal ist es, täglich Sport zu treiben, und zwar mindestens 30 Minuten. Denn darunter beginnt der Körper erst gar nicht mit dem Fettabbau. Planen Sie also drei- bis fünfmal 40 Minuten bis 60 Minuten für eine gleichmäßige Ausdauerbelastung in der Woche ein. Sind Sie erst einmal daran gewöhnt, ist es wirklich nicht anstrengend. Wenn Sie nicht so viel Zeit haben: Trainieren Sie lieber etwas seltener und dafür intensiver. Zweimal 40 bis 60 Minuten zu trainieren ist für den Fettabbau wirkungsvoller als fünfmal 20 Minuten.

Der richtige Sport

Für welche Sportart Sie sich auch entscheiden: Wichtig ist regelmäßiges Training, wobei Sie die Trainingsdauer erst allmählich steigern sollten.

Alle Ausdauersportarten sind für den Fettabbau – und natürlich auch für Herz, Kreislauf, Blutdruck, Gewicht, Knochen und Muskeln – günstig.

Walking, Strammes Spazierengehen oder Walking eignet sich besonders gut für Einsteiger.

Radfahren, egal ob im Freien oder auf einem Ergometer im Fitnessstudio, ist ebenfalls für Anfänger gut geeignet. Sie sollten eine gleichmäßige Belastung von 100 Watt (W) erreichen. Falls Sie völlig untrainiert sind, beginnen Sie mit täglich 15 Minuten bei 75 bis 100 W. Steigern Sie Ihre Leistung langsam über 10 bis 12 Wochen auf täglich 30 Minuten bei 100 W.

Schwimmen ist für fast alle Menschen geeignet, unabhängig von Alter und Fitness. Es verbrennt nicht nur Kalorien, sondern wirkt sich auch äußerst positiv auf die gesamte Muskulatur aus und hilft zudem bei Rückenschmerzen. Sollten Sie mit Ihrem Schwimmstil Probleme haben, nehmen Sie ein paar Stunden Unterricht bei einem Profi. Dies wird in allen größeren Schwimmbädern angeboten, außerdem bei der Deutschen Wasserwacht oder der Deutschen Lebensrettungsgesellschaft (DLRG).

Laufen bzw. Joggen ist vor allem Geübteren zu empfehlen. Wichtig sind dabei optimale Schuhe, um die Gelenke zu schonen. Wollen Sie mit diesem Sport beginnen, fangen Sie ganz langsam damit an: Zuerst eine Minute laufen, dann zwei bis fünf Minuten gehen. Steigern Sie die Laufintervalle nach und nach, bis die Gehpausen dazwischen wegfallen. Denken Sie jedoch daran, dass Sie nicht völlig außer Puste geraten dürfen. Sonst verbrennt Ihr Körper kein Fett, sondern Kohlenhydrate. Und das kann zu Muskelkater führen.

Skiwandern oder Skilanglauf macht im Winter großen Spaß und ist für viele ein idealer Ausdauersport. Der Bewegungsablauf ist harmonisch und gelenkschonend. Anfänger sollten einen Kurs machen, der heute von fast allen Skischulen angeboten wird. Meist reicht schon ein einziger Tag, denn es ist wirklich nicht schwer zu erlernen. Die relativ teure Ausrüstung können Sie anfangs leihen und später auch gut gebraucht kaufen. Der Einsatz lohnt sich, denn Skilanglauf zählt zu den (empfehlenswerten) Sportarten, bei denen die meisten Kalorien verbraucht werden.

Rudern, im Boot oder am Rudergerät im Fitnessstudio, ist nur für Menschen geeignet, die schon kräftige Muskeln haben, denn es erfordert einige Kraft. Deshalb ist es als »Einsteigersportart« ungeeignet. Wollen Sie es dennoch versuchen, bitte nur unter fachkundiger Anleitung.

Der zusätzliche Kalorienverbrauch ist bei den meisten Sportarten relativ gering – es sei denn, man trainiert sehr intensiv, was sich für Ungeübte aber nicht empfiehlt. Dennoch tun Sie Ihrem Körper und Ihrem Cholesterinspiegel etwas Gutes, wenn Sie sich regelmäßig bewegen.

KALORIENVERBRAUCH

Durchschnittlicher Kalorienverbrauch eines ca. 70 kg schweren Menschen in einer Stunde.

Eis laufen	21 km/h	700
Gehen	4,8 km/h	290
Gehen	6 km/h	360
Laufen	9 km/h = 6,4 min/km	660
Laufen	12 km/h = 5 min/km	750
Laufen	15 km/h = 4 min/km	860
Rad fahren	12 km/h	330
Rad fahren	24 km/h	520
Rad fahren	33 km/h	750
Rad fahren	43 km/h	1100
Rudern	6 km/h	650
Schwimmen	5 min/100 m	350
Schwimmen	2 min/100 m	740
Skilanglauf	9 km/h	630
Skilanglauf	15 km/h	1330

Cholesterinsenker

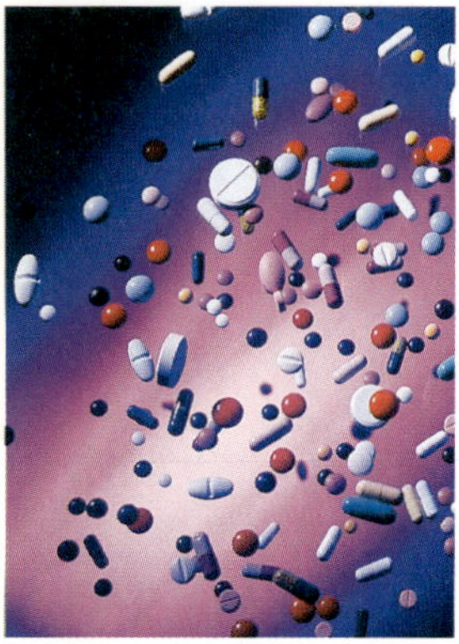

Der Griff zu Medikamenten sollte immer die letzte Maßnahme sein.

Ausgewogene Ernährung, Gewichtskontrolle, richtiger Umgang mit Stress, regelmäßige Bewegung – das sind die Grundsäulen für eine natürliche Cholesterinsenkung. Und zwar egal, aus welchem Grund die Blutfette erhöht sind. All dies kann man durch die gezielte Einnahme bestimmter cholesterinsenkender Nahrungs- oder Naturheilmittel zusätzlich unterstützen. Sollte keine dieser Maßnahmen helfen, bleibt schließlich noch der Griff zum Medikament.

Nicht ohne ärztlichen Rat handeln

Bevor Sie irgendetwas einnehmen – auch rezeptfreie Medikamente – sollten Sie unbedingt mit Ihrem Arzt sprechen. Denn mit jedem Mittel greifen Sie in die natürlichen Funktionen Ihres Körpers ein, zudem haben einige Medikamente erhebliche Nebenwirkungen oder dürfen in bestimmten Fällen nicht genommen werden. Speziell die Einnahme hochwirksamer Lipid(Fett-)senker darf nur unter ärztlicher Kontrolle erfolgen.

Medikamente

Unter Umständen ist es nötig, einen zu hohen Cholesterinwert medikamentös zu behandeln – dies darf jedoch nur unter ärztlicher Aufsicht geschehen.

Wer trotz einer entsprechenden Lebensführung einen zu hohen Cholesterinspiegel hat, der muss als letzte Möglichkeit auf Medikamente zurückgreifen.

Da Cholesterin ein absolut lebensnotwendiger Stoff für unseren gesamten Organismus ist, hat die Natur es so eingerichtet, dass wir immer genug davon zur Verfügung haben, auch wenn über lange Zeit mit der Nahrung nicht das kleinste Milligramm zugeführt wird. Das funktioniert einerseits, weil der Körper das

Cholesterin aus Zucker, Stärke oder Fettsäuren selbst produzieren kann. Und zum anderen, weil er es ganz genial recycelt. Dabei gelangt es in einem Darm-Leber-Kreislauf aus dem Blut von der Leber über die Galle in den Darm. Dort wird das Cholesterin von den Darmschleimhäuten aufgenommen und zum größten Teil wieder in Galle umgewandelt und zurückgeführt. Dieses eigentlich wunderbare Sparsystem wird für Menschen mit zu viel Cholesterin allerdings leicht zur Falle. Denn der Körper hat keine andere Möglichkeit, als im Verlauf dieses Recyclingprozesses überschüssiges Cholesterin loszuwerden, im Gegensatz zu den meisten giftigen Stoffen, die zu harmlosen Substanzen gespalten und über Niere, Haut oder Lunge ausgeschieden werden können.

Medikamente greifen nun genau in diesen Kreislauf ein. Ihr Ziel ist es einmal, die Produktion zu drosseln, zum anderen das Recycling zu verhindern, um dadurch den Cholesterinspiegel zu senken. Die Medikamente erzielen teilweise sehr unterschiedliche Wirkungen beim Einzelnen und haben häufig starke Nebenwirkungen. Nicht jedes Medikament ist für jeden Patienten gleich gut. Deshalb ist es unerlässlich, eine Behandlung grundsätzlich nur unter ärztlicher Kontrolle durchzuführen, bei der auch die Wirkung immer wieder gemessen wird. Gelegentlich kann es notwendig werden, verschiedene Präparate auszuprobieren. Verlieren Sie nicht den Mut oder zweifeln Sie nicht gleich an Ihrem Arzt, falls Sie nicht umgehend auf ein Medikament ansprechen.

Alle hier aufgeführten Medikamente zur Senkung des Cholesterinspiegels sind verschreibungspflichtig.

CHOLESTERINSENKENDE MEDIKAMENTE

- Gallensäurenaustauscherharze (Ionenaustauscher)
- Fibrate
- CSE-Hemmer (so genannte Cholesterinsynthese-Hemmer)
- Statine

Die Zungendiagnose spielt in der chinesischen Medizin eine große Rolle. Ein erfahrener Therapeut kann von Veränderungen auf der Zunge auf den Gesundheitszustand des Körpers schließen.

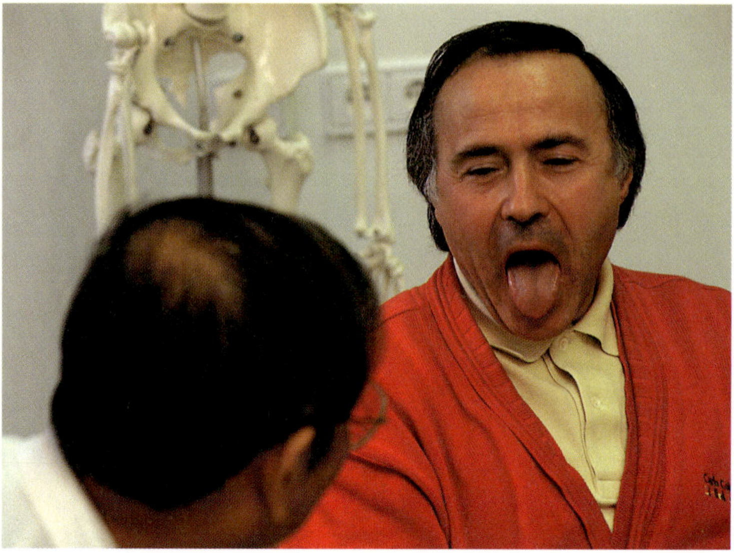

Gallensäurenaustauscherharze

Gallensäurenaustauscherharze (oder Ionenaustauscher) binden im Darm Gallensäuren und werden vom Körper dann nicht wieder aufgenommen, sondern ausgeschieden. Es ist das gleiche Prinzip wie bei löslichen Ballaststoffen. Das bedeutet, dass Cholesterin, das ja unter anderem zu Gallensäuren verarbeitet wird, vermehrt über den Darm nach draußen gelangt. Positiver Effekt: Die Leberzellen müssen neue Gallensäure aus Cholesterin produzieren, der Blutspiegel sinkt ab.

Cholesterinsenkende Medikamente haben häufig gravierende Nebenwirkungen.

Doch die Triglyzeride werden mit diesen Medikamenten leider nicht weniger. Deshalb sind sie bei Menschen mit hohen Triglyzeridwerten nicht geeignet. Zu den wichtigsten Nebenwirkungen gehören Magen-Darm-Probleme.

Fibrate

Sie hemmen die Spaltung der Triglyzeride im Fettgewebe und setzen damit den Transport freier Fettsäuren zur Leber herab. Die Folge ist, dass weniger LDL hergestellt und verteilt wird.

Außerdem steigern die Fibrate die Fetteiweißspaltung in der Leber, sodass LDL stärker abgebaut wird. Eine weitere positive Wirkung: die Triglyzeride im Blut sinken, während das günstige HDL ansteigt. Das liegt daran, dass die Produktion von Triglyzeriden in der Leber durch das Medikament gedrosselt wird.
Leider haben diese Medikamente eine Reihe von unangenehmen Nebenwirkungen wie allergische Reaktionen, Haarausfall, Muskel- und Gelenkprobleme sowie Magen-Darm-Störungen.
Achtung: Sie dürfen auf keinen Fall von Schwangeren eingenommen werden oder von Menschen mit bestimmten Gallen-, Nieren- oder Lebererkrankungen.

CSE-Hemmer

Diese sogenannten Cholesterinsynthese-Hemmer hemmen einmal ein Enzym, das zur Herstellung von Cholesterin notwendig ist (die HMG-CoA-Reduktase), es wird also weniger LDL produziert. Zum anderen führen sie dazu, dass Leberzellen LDL-Rezeptoren bilden, mehr LDL aufgenommen wird und der Spiegel im Blut absinkt. Die CSE-Hemmer haben von allen Medikamenten die stärkste cholesterinsenkende Wirkung.
Leider wirken sie sich negativ auf Muskeln, Magen-Darm-Trakt, und die Leber aus, sie können zu Kopfschmerzen, Müdigkeit und Schlafstörungen führen.
Auch für die CSE-Hemmer gilt: Bei Lebererkrankungen, in der Schwangerschaft und bei bestimmten Gallen- oder Muskelerkrankungen dürfen sie nicht eingenommen werden.

Trotz der Einnahme von Medikamenten ist eine Änderung der Lebens- und Ernährungsgewohnheiten zur Cholesterinsenkung unerlässlich.

Statine

Die Statine sind eine neue Entwicklung von CSE-Hemmern auf dem Lipidsenker-Markt. Sie blockieren die Produktion von Cholesterin in der Leber, weshalb sich die Zellen ihren Bedarf aus dem Blut holen müssen. Damit sinkt der Cholesterinspiegel im Blut, weil nicht schnell genug neues Cholesterin aus der Leber nachgeliefert wird. Der Vorteil der Statine: Es wirken bereits winzigste Mengen (Millionstel Gramm). Die Nebenwirkungen sollen ebenfalls geringer sein. Nachteil: Die Medikamente sind enorm teuer.

Nachweisbare Wirkung der CSE-Hemmer

Dass CSE-Hemmer ein probates Mittel zur Cholesterinsenkung sind, vor allem bei Menschen, die bereits an einer koronaren Herzkrankheit leiden, haben verschiedene groß angelegte Studien eindeutig bewiesen, über die Dr. Volker Schmiedel in seinem Buch berichtet.

Falls Ihr Arzt Ihnen ein cholesterinsenkendes Medikament verschrieben hat, sollten Sie zusätzliche Maßnahmen mit ihm besprechen.

In einer skandinavischen Untersuchung wurden beispielsweise rund 4500 Männer und Frauen mit solchen Medikamenten behandelt und über fünf Jahre mit einer Vergleichsgruppe zusammen beobachtet, die ein Scheinmedikament bekommen hatte. Die Ergebnisse zeigten in der Medikamentengruppe eine Cholesterinsenkung von mehr als 25 Prozent insgesamt, dabei eine noch drastischere Senkung von LDL und Triglyzeriden und eine Erhöhung des günstigen HDL.

Die Studie beweist aber auch die Effektivität einer Ernährungs- und Lebensumstellung: Die Patienten, die an der Studie teilnehmen sollten, wurden aufgefordert, bereits zwei Monate vorher eine cholesterinsenkende Diät zu machen. Bei über tausend Menschen, deren Cholesterinwerte nur wenig über der kritischen Grenze lagen, hat dies die Werte so weit abgesenkt, dass sie nicht mehr an der medikamentösen Behandlung teilzunehmen brauchten.

Eine schottische Studie, deren Ergebnisse 1995 veröffentlicht wurden, befasste sich ebenfalls mit der Wirkung von Cholesterinsynthese-Hemmern. An dieser Untersuchung, die sich über rund fünf Jahre erstreckte, nahmen nur Personen teil, deren Cholesterin zwar erhöht war, die aber noch nicht erkrankt waren. Über 3000 Teilnehmer wurden mit einem Medikament behandelt, 3000 bekamen als Vergleichsgruppe ein Scheinmedikament. Das Ergebnis war ähnlich wie in der skandinavischen Studie eine rund 20-prozentige Cholesterinsenkung.

Allerdings sollten diese beeindruckenden Ergebnisse nicht dazu führen, dass sich jeder Mensch mit zu hohem Cholesterin einfach ein paar Medikamente verschreiben lässt und so ungesund wie vorher weiterlebt. Mit der Einnahme von Medikamenten greift man in natürliche Prozesse des Körpers ein, belastet die Ausscheidungsorgane wie Leber und Nieren. Zudem vertragen nicht alle Menschen eine Dauerbehandlung gleich gut. Eine medikamentöse Behandlung kostet außerdem viel Geld – ein zunehmendes Problem in unserem Gesundheitswesen. Wer also mit einer Ernährungs- und Lebensumstellung genauso viel erreichen kann, sollte diese Chance nicht ungenutzt lassen. Ist eine Behandlung mit Medikamenten nicht vollständig zu umgehen, so hilft diese Umstellung dennoch in den allermeisten Fällen, Medikamente einzusparen oder mit der Behandlung wieder aufzuhören.

Wenn es sich vermeiden lässt, einen zu hohen Cholesterinspiegel mit Medikamenten zu bekämpfen, sollte das immer geschehen. Denn trotz aller Erfolge dieser Arzneimittel: Sie stellen auch immer einen massiven Eingriff in unseren Körper dar.

Cholesterinsenkende Medikamente sollten nie der Selbstbehandlung dienen. Beraten Sie sich unbedingt mit Ihrem Arzt.

Nahrungs- und Naturheilmittel

Aus der Naturheilkunde sind ebenfalls einige Substanzen bekannt, die nachweislich eine cholesterinsenkende Wirkung haben. Sie sind in der Regel Bestandteile von Nahrungsmitteln, können aber fast alle auch als Einzelpräparat eingenommen werden. Allerdings sind diese Substanzen deutlich wirksamer, wenn sie zusammen mit der Nahrung aufgenommen werden. Und je natürlicher und je weniger bearbeitet wir die Lebensmittel zu uns nehmen, desto sicherer bekommen wir diese wichtigen Bestandteile auch mit. Die Einzelsubstanzen sollten deshalb nur als Nahrungsergänzung angesehen werden, die eine positive Wirkung noch erhöhen.

Haferkleie

In wissenschaftlichen Untersuchungen konnte nachgewiesen werden, dass der Verzehr von Haferkleie den Cholesterinspiegel deutlich senkt. Dazu muss man jeden Tag etwa 50 bis 100 Gramm davon essen, das ist eine halbe bis eine ganze Tasse.

Regelmäßig eingenommen senkt Haferkleie die Cholesterinwerte – genauer gesagt die LDL-Werte – erheblich, während die HDL-Werte unverändert bleiben.

Haferkleie entsteht beim Mahlen von Hafer zu Mehl – sie ist der grobe Getreiderest, der dabei übrig bleibt. Zu kaufen gibt es Haferkleie und Haferkleieprodukte, wie Haferkleieflocken, Haferfleks mit Kleie oder Haferkleiemüsli, in Reformhäusern, Apotheken, Naturkostläden und gut sortierten Supermärkten. Die reine Haferkleie kann man übers Müsli streuen, unter Jogurt oder Quark mischen, zur Suppe oder ins Gemüse geben, als Paniermehl verwenden oder die Soße damit andicken. Man kann sie zum Backen verwenden, entweder anstatt Weizenmehl oder damit vermischt. Es gibt also jede Menge Anwendungsmöglichkeiten. Das ist gut so, denn 50 bis 100 Gramm sind eine ganze Menge, die sicher nicht viele Menschen täglich mit der Nahrung aufnehmen. Doch auch bereits geringere Mengen wirken sich günstig auf den Cholesterinspiegel und die LDL-Werte aus. Darüber hinaus liefert Haferkleie reichlich Bal-

CHOLESTERINSENKENDE NAHRUNGS- UND NATURHEILMITTEL

- Haferkleie
- Sojaeiweiß
- Knoblauch
- Bohnen, Vollkorngerste, Reiskleie
- Omega-3-Fettsäuren
- Pektin
- Apfelessig
- Artischockenpräparate
- Lezithin
- Sitosterine
- Flavonoide

laststoffe (etwa 20 Gramm pro 100 Gramm), Eiweiß, Energie in Form von Kohlenhydraten (383 kcal auf 100 Gramm) und Vitamin B1 (Thiamin), das für den Energiestoffwechsel und die Verdauung von großer Bedeutung ist. Wichtig ist, dass Sie zur Haferkleie reichlich trinken müssen – wie bei allen Ballaststoffen. Am besten greifen Sie zu Mineralwasser oder ungesüßten Tees.

Faustregel: Pro Esslöffel Kleie sollten Sie ein Glas Flüssigkeit zu sich nehmen.

Sojaeiweiß

Sojabohnen, Sojasprossen und Sojaprodukte wie Sojamehl, Tofu und Sojacreme enthalten neben anderen hochwertigen Inhaltsstoffen wie etwa Öl auch hochwertiges Eiweiß. Obwohl noch nicht erforscht ist, wie es im Einzelnen funktioniert, so ist doch mittlerweile belegt, dass Sojaeiweiß den Cholesterinspiegel senken kann.

Man kann Sojaeiweiß auch als trockene Splitter, Würfel oder Streifen im Reformhaus oder Naturkostladen kaufen. Diese Produkte entstehen, nachdem aus den Bohnen das Öl ausgepresst wurde. Die Trockenform lässt sich in Gemüse, Suppen und Soßen verwenden oder wie Fleisch zubereiten: Wenn sie in der zwei- bis dreifachen Menge Flüssigkeit eingeweicht wird, bekommt sie eine fleischähnliche Konsistenz. Mit frischen Kräutern gewürzt stellt Sojaeiweiß eine ideale Alternative zu »richtigem« Fleisch dar.

Knoblauch

Dieser Würzknolle werden seit alters her die verschiedensten Heilkräfte zugeschrieben und mittlerweile sind einige der überlieferten Wirkungen auch wissenschaftlich bestätigt. Auf das Cholesterin bezogen ist heute bekannt, dass Knoblauch die Fließeigenschaften des Blutes verbessert, und somit Arteriosklerose und Gerinnseln vorbeugt, das ungünstige LDL vermindert, HDL leicht erhöhen kann und die Triglyzeride senkt. Allerdings enthält nur wirklich frischer Knoblauch ausreichend wirksame Substanzen, und man braucht genügend davon, um die gewünschte Wirkung zu erzielen. Nach heutigem Forschungsstand sind das mindestens vier Gramm täglich, also etwa zwei große Knoblauchzehen.

Besser als Knoblauchpräparate ist die schlichte Knolle selbst. Die Duftnote, die sie hinterlässt, muss man freilich in Kauf nehmen .

Knoblauch gibt es auch als Pillen und in Form von Fertigpräparaten. Fachleute sind jedoch der Ansicht, dass diese meistens zu niedrig dosiert sind und nicht ausreichend wirksame Substanzen enthalten. Untersuchungen mit Knoblauchpräparaten haben bisher zu keinen eindeutig positiven Ergebnissen geführt.

Ein Problem gibt es leider auch beim Knoblauch: Wer ihn gegessen oder Knoblauchpräparate eingenommen hat, der riecht danach. Und das ist nicht immer passend und erwünscht. Doch wenn Sie Knoblauch mögen und ihn gut vertragen – er kann bei sensiblen Personen zu Magen-Darm-Störungen führen –, dann genießen Sie die gesunde Wunderknolle so oft wie möglich.

Bohnen, Vollkorngerste, Reiskleie

Hauptsächlich amerikanische Wissenschaftler haben Untersuchungen durchgeführt, bei denen Probanden Bohnengerichte, Vollkorngerste oder Reiskleie bekamen. Alle drei Produkte zeigten deutliche cholesterinsenkende Wirkungen. Für die Untersuchung mussten allerdings ziemlich große Mengen die-

Kauen Sie nach dem Genuss von Knoblauch eine Kaffeebohne oder etwas Petersilie – das hilft gegen den Geruch.

ser Nahrungsmittel verzehrt werden, etwa 115 Gramm Bohnen – Trockengewicht – pro Tag. Aber auch wenn Ihr Konsum nicht so hoch ist – Bohnen sind ein überaus wertvolles Lebensmittel, und Sie sollten sie in Ihren Speiseplan einbauen, so oft es nur geht, etwa als Suppe oder Kornbeilage.

Gerste haben unsere Großeltern noch ganz selbstverständlich auf den Tisch gebracht, dann geriet sie ein wenig in Vergessenheit. Doch in den letzten Jahren ist sie gerade bei Menschen, die sich vollwertig und natürlich ernähren möchten, wieder beliebt geworden. Wer sich Gerstengerichte zubereiten möchte, sollte unbedingt darauf achten, dass er Vollkorngerste, etwa Vollkorn-Gerstenflocken kauft. Denn die cholesterinsenkenden Bestandteile sind nur in der Außenschicht des Korns enthalten.

Reiskleie hat etwa die gleiche Wirkung wie Haferkleie und man kann sie genauso verwenden: als Zutat im Müsli, im Jogurt oder beim Kochen und Backen. Bei uns ist Reiskleie allerdings noch nicht überall zu finden, im Gegensatz zu Amerika, wo man sie in jedem Reformhaus kaufen kann.

In Amerika hat sich Reiskleie als erfolgreiches cholesterinsenkendes Nahrungsmittel durchgesetzt, bei uns ist es manchmal noch schwierig, sie zu bekommen. Fragen Sie am besten in Ihrem Reformhaus danach.

Nicht nur die Mittelmeerküche wirkt sich positiv auf den Cholesterinspiegel aus, dies gilt auch für die Ernährung der Eskimos und der Japaner. In diesen Ländern gibt es fast keine koronaren Herzkrankheiten, weil die Menschen sehr viel fetten Fisch essen. Dieser enthält reichlich Omega-3-Fettsäuren, die gut für den Cholesterinspiegel sind.

Omega-3-Fettsäuren

Omega-3-Fettsäuren (Fischöl) sind mehrfach ungesättigte Fettsäuren, die der menschliche Organismus nicht selbst herstellen kann. Die wohl bekannteste unter den Omega-3-Fettsäuren ist die Alpha-Linolensäure, die anderen beiden wichtigen Vertreter heißen Eicosapentaensäure und Docosahexaensäure. Diese Säuren helfen dem Körper bei der Herstellung von Prostaglandinen, das sind hormonähnliche Substanzen mit vielfältigen Aufgaben. Von diesen ist bekannt, dass sie Entzündungsreaktionen vermindern, den Blutdruck senken, Gerinnselbildung der Blutblättchen verhindern und Triglyzeride sowie Cholesterin abbauen können. Der bedeutendere Effekt liegt dabei in der Senkung der Triglyzeride, die Wirkung auf das Cholesterin ist weitaus geringer.

Kaltwasserfische als Hauptlieferant

Am reichlichsten sind Omega-3-Fettsäuren in Kaltwasserfischen enthalten. Auf ihre Wirksamkeit im Zusammenhang mit koronaren Herzkrankheiten und Cholesterinwerten ist man bei Untersuchungen an Eskimos und Japanern gestoßen. Obwohl sich diese sehr fettreich – nämlich mit fettem Fisch und Robbenfleisch – ernähren, sind koronare Herzkrankheiten bei diesen Menschen fast vollständig unbekannt. In der Sprache der Eskimos gibt es noch nicht einmal ein Wort dafür. Leben sie hingegen, denn auch das wurde untersucht, in westlichen Industrienationen wie etwa Amerika und ernähren sich so, wie es dort üblich ist, ist die Verbreitung der koronaren Herzkrankheiten ebenso groß wie bei uns.

Man weiß, dass im Fisch vor allem mehrfach ungesättigte Fettsäuren – eben auch Omega-3-Fettsäuren – enthalten sind, die sich positiv auf den Cholesterinspiegel auswirken. Für uns kann das nur bedeuten, dass wir möglichst viel Fisch essen sollten, um unseren Cholesterinspiegel zu senken. Empfohlen werden zwei bis drei Fischmahlzeiten in der Woche. Ideal sind Fische wie Makrele, Lachs, Hering, Sardine oder Tunfisch. Die therapeutische Dosis an Omega-3-Fettsäuren beträgt etwa ein Gramm pro Tag und lässt sich bereits mit relativ kleinen Mengen decken, beispielsweise 30 Gramm eines fetten Kaltwasserfisches.

Eine ähnliche Wirkung wie frischer Fisch erfüllen Fischölkapseln. Hier gelten zwei bis vier Gramm Fischöl als ideal, um die therapeutische Wirkung von Omega-3-Fettsäuren zu erreichen. Wer ein Leber-Galle-Leiden oder eine Erkrankung der Bauchspeicheldrüse hat, sollte mit Fischöl allerdings vorsichtig sein und seinen Arzt um Rat fragen.

Mit zwei bis drei Fischmahlzeiten pro Woche können Sie Ihren Bedarf an Omega-3-Fettsäuren decken.

Andere Quellen für Omega-3-Fettsäuren

Omega-3-Fettsäuren kommen nicht nur im Fisch vor, auch Walnüsse, Leinsamen, Sojaprodukte und Weizenkeime enthalten reichlich davon. Da Öle mit Alpha-Linolensäure sehr empfindlich sind, und Wärme, Licht und Luft die Omega-3-Fettsäuren zerstören, ist die sicherste Aufnahme die ganze Frucht. Essen Sie also die genannten Nahrungsmittel am besten in unveränderter Form. Wenn Sie sie als Öl benutzen möchten, bewahren Sie dieses dunkel, kühl und luftdicht verschlossen auf, damit die wertvollen Fettsäuren erhalten bleiben.

Um den Cholesterinspiegel zu senken, können Sie statt Fisch täglich auch einen halben Esslöffel Leinöl (etwa im Salat), zwei Esslöffel Rapsöl oder Sojaöl oder zweieinhalb Esslöffel Walnussöl zu sich nehmen bzw. in Ihre Nahrung mischen.

Pektin

Es handelt sich dabei um einen löslichen Ballaststoff, der hauptsächlich in Äpfeln (Apfelessig), Zitrusfrüchten (Orangen, Grapefruits), Hülsenfrüchten (Bohnen, Erbsen) und in manchen Gemüsen (etwa Karotten) vorkommt. Er bindet choleste-

rinhaltige Gallensäuren im Darm und führt so zu einer Senkung des Cholesterinspiegels, wobei das schädliche LDL sinkt und das nützliche HDL sogar leicht steigt.
Wie viel Pektin man täglich zu sich nehmen muss, um das Cholesterin nachweislich zu senken, ist nicht genau bekannt. Tatsache ist aber, dass sich ein reichlicher Verzehr der genannten Obst- und Gemüsesorten günstig auf die Blutfettwerte auswirkt. Pektin wird auch als fertiger Stoff, etwa als Granulat, in Apotheken und Reformhäusern angeboten. Ehe Sie sich entsprechende Präparate besorgen, sprechen Sie bitte mit Ihrem Arzt, denn es kann in bestimmten Fällen zu Nebenwirkungen kommen.

Apfelessig

Auch das uralte Hausmittel Apfelessig, das schon unsere Großmütter kannten, wird von Medizinern und Ernährungswissenschaftlern zur Senkung des erhöhten Cholesterinspiegels empfohlen.

Apfelessig erlebt im Moment geradezu einen Boom. Dabei ist Essig als Heilmittel beinahe so alt wie die Menschheit. Bereits die alten Ägypter kannten und nutzten diesen besonderen Saft und die Chinesen sollen schon vor 5000 Jahren Essig von diversen Früchten genossen haben. In Europa hat man erst im 19. Jahrhundert herausgefunden, wie man die saure Essenz produziert, obwohl man sie auch hier schon lange vorher kannte und als Heilmittel schätzte. Das liegt am Entstehungsprozess: Presst man Saft aus Früchten und lässt diesen an der Luft stehen, wird nach einer gewissen Zeit automatisch Essig daraus. Es ist ein natürlicher biochemischer Vorgang, ein Oxidationsprozess, bei dem durch den Sauerstoff in der Luft Zucker zu Alkohol vergoren wird und Most entsteht. Nach etwa zwei Wochen (unter Wärmeeinwirkung auch schneller) beginnt die Essiggärung, bei der Alkohol von Mikroorganismen aus der Luft und aus den Früchten (Essigbakterien) in Essigsäure umgewandelt wird. Höchstwahrscheinlich – das ist noch nicht sicher erforscht – bleiben bei diesem Prozess alle Nährstoffe der Frucht erhalten.

Viele wirksame Inhaltsstoffe

Apfelessig verdankt seine große Beliebtheit und die vielen positiven Eigenschaften, die ihm zugeschrieben werden, den in Äpfeln nachgewiesenen Inhaltsstoffen: Vitamine, Mineralstoffe, große Mengen des löslichen Ballaststoffes Pektin sowie das Beta-Karotin mit seiner antioxidativen Wirkung – letztere sind für den Cholesterinhaushalt von großer Bedeutung. Apfelessig wird auch eine antibakterielle Eigenschaft nachgesagt. Man vermutet, dass er Erreger vernichten kann, die nach neuesten Theorien an koronaren Herzkrankheiten beteiligt sind. Wissenschaftliche Beweise gibt es dafür noch nicht. Darüber hinaus macht er das Blut dünner und somit fließfähiger.

Erfolg zeigt Apfelessig erst dann, wenn man ihn kurmäßig anwendet, am besten jeden Tag ein Glas (oder mehr) davon trinkt. Wichtig ist dabei, nur hochwertigen, naturreinen Apfelessig zu sich zu nehmen. Er soll aus ganzen Äpfeln hergestellt sein und eine leichte Trübung zeigen. Zu kaufen ist der Apfelessig im Reformhaus, in Bioläden, auf Bauernmärkten oder direkt bei Apfelbauern. Man kann ihn aber auch leicht selbst herstellen.

Der Apfelessig sollte trüb sein. Denn klare Flüssigkeit wurde gefiltert, wodurch viele wertvolle Inhaltsstoffe verloren gehen.

Apfelessig kann die Diät unterstützen, da er den Appetit zügelt.

Artischockenpräparate

Artischocken gelten allgemein als sehr gesundes Nahrungsmittel und sollen eine ganze Reihe von positiven Wirkungen auf den Organismus und die Körperfunktionen haben. Was das Cholesterin anbelangt, so konnte bislang festgestellt werden, dass bestimmte Inhaltsstoffe der Artischocken anregend auf die Entleerung von Gallenflüssigkeit im Darm wirken. Außerdem sollen sie antioxidative Effekte aufweisen, was aber noch nicht restlos geklärt ist.

Allerdings ist der Gehalt im frischen Gemüse zu gering, sodass man auf Artischockenpräparate – Kapseln oder Dragees – zurückgreifen muss. Von diesen weiß man, dass sie Cholesterin und Triglyzeride senken können. Artischockenpräparate sind in Apotheken und Reformhäusern erhältlich.

Lezithin

Lezithin gehört in die Gruppe der Phospholipide, das sind fettähnliche Substanzen. Es ist chemisch so aufgebaut wie Triglyzerid, enthält jedoch anstatt einer der drei Fettsäuren das Vitamin Cholin. Lezithin ist ein lebensnotwendiger Nährstoff, kann aber vom Körper selbst hergestellt werden. Es ist fast überall im Organismus vorhanden und an vielen Stoffwechselvorgängen wesentlich beteiligt. Weil Lezithin die Eigenschaft hat, Cholesterin löslich zu halten, ist es vor allem dort zu finden, wo auch Cholesterin vorkommt, etwa im Eigelb und in der Leber.

Die geeignetste Darreichungsform, um den Cholesterinsenker Lezithin aufzunehmen, sind Fertigpräparate mit Soja oder Hefe, die es in jedem guten Reformhaus gibt.

Lezithin gilt allgemein als Lebenselixier. Es soll sich positiv auf das Gedächtnis auswirken, für gute Nerven sorgen, die Konzentration fördern, das Immunsystem unterstützen und die Vitalität erhöhen. Empfohlen wird Lezithin auch als natürliches Mittel gegen Stress und Vergesslichkeit, gegen ständige Müdigkeit, Schlafstörungen und nervöse Ängste. Und darüber hinaus gegen zu hohe Cholesterinwerte.

Auf Grund seiner cholesterinlöslichen Eigenschaften kann Lezithin in unseren Arterien die Anlagerung von LDL verhindern. Insgesamt wurde beobachtet, dass ausreichend Lezithin den LDL- und Triglyzeridspiegel senken und das günstige HDL erhöhen kann.
Da Ei und Leber – wie wir wissen – auch hohe Mengen an Cholesterin enthalten, sind sie nicht die richtigen Nahrungsmittel, um den Lezithinbedarf zu decken. Lezithin ist aber auch reichlich in Soja und Hefe, vor allem in Bierhefe zu finden. Als Lezithinpräparate (Kapseln, Granulat, Pulver) eignen sich vor allem diejenigen, die aus Soja hergestellt wurden. Sie enthalten reichlich essentielle Fettsäuren, die sich positiv auf den Fettstoffwechsel auswirken. Im Reformhaus oder Naturkostladen gibt es Hefe-Brotaufstriche, die ebenfalls empfehlenswert sind.

Sitosterine

Das sind bestimmte Pflanzeninhaltsstoffe, die als Medikamente zur Verfügung stehen und cholesterinsenkend wirken. Sie gehören zu den Cholesterinsenkern, die das Recycling im Darm bremsen, also verhindern, dass über den Darm zu viel Cholesterin zur Leber zurückgeführt wird.

Flavonoide

Auch Bioflavonoide genannt. Das sind gelbe oder weiße Farbstoff-Substanzen, die in vielen Pflanzen vorkommen, beispielsweise in grünem Tee oder roten Trauben. Die cholesterinsenkende Wirkung von Rotwein beruht vermutlich auf seinem Gehalt an Flavonoiden. Ebenso verhält es sich beim grünen Tee, der wegen seiner cholesterinabbauenden Wirkung in China auch als »Fettfresser« bezeichnet wird. Die Flavonoide gehören zu den antioxidativen Substanzen und sind in Apotheken und Reformhäusern ebenfalls als Medikament erhältlich.

Dass grüner Tee ein besonders gesundes Getränk ist, hat sich mittlerweile auch in unseren Breitengraden herumgesprochen. So enthält er beispielsweise so genannte Flavonoide, Farbstoffsubstanzen, die das Cholesterin senken können.

Vitamine & Co.

Unter den Vitaminen ragt eines als Cholesterinsenker besonders heraus: Das Vitamin B3 (Niazin) ist ein wirkungsvolles Mittel. Die anderen Vitamine haben eher indirekt einen positiven Einfluss auf den Cholesterinspiegel.

Niazin

Das Niazin (Nikotinsäure, Vitamin B3) verdient größere Aufmerksamkeit. Denn es handelt sich dabei um ein Vitamin, das in der entsprechenden Dosierung äußerst wirkungsvoll ist. Zwar verursacht es ein paar unangenehme Nebenwirkungen, die aber nicht gravierend schädlich sind. Doch Vorsicht: Bei Herz-Kreislauf-Problemen, schweren Leberstörungen, Darmgeschwüren, Zuckerkrankheit und in der Schwangerschaft sollte Niazin nicht genommen werden.

Ein gewisser Niazinspiegel ist allein schon über die Nahrung zu erreichen. Niazinhaltige Lebensmittel sind etwa Vollkornprodukte, Fleisch, Leber, Fisch und Pilze. Um das Cholesterin deutlich zu senken, ist allerdings eine erheblich größere Menge notwendig, als man mit der Nahrung aufnehmen kann – etwa das Hundertfache. Deshalb braucht man entsprechende Medikamente.

Niazin wirkt in erster Linie in der Leber und senkt dort die LDL-Produktion. Daneben erhöht es die Anteile des schützenden HDL im Blut.

Niazin hemmt einerseits den Abbau von Fettsäuren im Fettgewebe, andererseits beschleunigt es deren Aufnahme. Es gelangen weniger Fettsäuren zur Leber, diese produziert weniger Lipoproteine (Fetteiweiß). Dadurch sinkt der Cholesterinspiegel im Blut. Gleichzeitig scheint sich Niazin positiv auf die Wiedergewinnung von Vitamin E und Vitamin C, wichtige Antioxidanzien, auszuwirken.

Nikotinsäurepräparate können Sie rezeptfrei in jeder Apotheke kaufen. Sprechen Sie trotzdem mit Ihrem Arzt, bevor Sie dieses Medikament einnehmen. In der notwendig hohen Dosierung von ein bis drei Gramm täglich (aus der Nahrung bekom-

Niazin ist zwar in Speisepilzen enthalten – aber nur in geringen Mengen. Die Ernährung muss daher mit Medikamenten ergänzt werden.

men wir maximal 10 bis 50 Milligramm), führt das Niazin meist zu Hitzewallungen mit Hautrötung, Kribbeln und Juckreiz. Diese unangenehmen Nebenwirkungen sind zwar nicht gefährlich, doch sie können bei richtiger Anwendung auch vermieden werden. Dazu bauen Sie die Therapie langsam auf, das heißt, Sie beginnen mit einer niedrigen Dosierung und erhöhen sie über den Zeitraum von mehreren Wochen geringfügig, aber stetig. Damit lassen sich die Nebenwirkungen fast immer vermeiden oder zumindest deutlich verringern. Denn der Körper kann sich an die hohe Dosierung gewöhnen und reagiert nach einiger Zeit nicht mehr negativ darauf.

Wissenschaftler haben festgestellt: In Kombination mit einer fettarmen Ernährung kann Niazin seine positive Wirkung noch optimaler entfalten.

Niazin – ein Wundermittel?

Niazin kann offenbar nicht nur die schädlichen Blutfettwerte erheblich senken und den Spiegel des günstigen HDL anheben, es hat auch die Eigenschaft, bereits vorhandene Ablagerungen an den Gefäßen abzubauen. Das bewies eine Untersuchung an der Universität von Südkalifornien/USA, von der Robert E.

Kowalski berichtet. Für diese Studie wurden Patienten, die eine Bypassoperation am Herzen hinter sich hatten, über einen Zeitraum von zwei Jahren mit Niazin behandelt. Gleichzeitig mussten sie eine cholesterin- und fettarme Diät einhalten. Eine Gruppe erhielt zusätzlich zum Niazin ein Medikament, das, ebenso wie Haferkleie, Gallensäuren bindet. Die Blockierung der Blutgefäße wurde jeweils vor und am Ende der Untersuchung genau gemessen.

Es stellte sich heraus, dass in beiden Gruppen der Cholesterinspiegel um über 20 Prozent gesunken, das HDL um mehr als 30 Prozent gestiegen war. In der Gruppe mit der Kombination Niazin/Gallensäurehemmer waren auch die Ablagerungen an den Gefäßen bei mehr als 16 Prozent der Patienten deutlich zurückgegangen.

Antioxidanzien schützen unsere Gefäße vor schädlichen Cholesterinablagerungen.

BEWEGUNG GEGEN FREIE RADIKALE

Aggressive freie Radikale lassen sich nicht nur durch die beschriebenen Substanzen in Schach halten, sondern ebenso durch eine ausgewogene gesunde Ernährung und ein gemäßigtes Fitnesstraining. Dadurch werden einerseits körpereigene Substanzen aktiviert, die antioxidativ wirken, andererseits haben eine gesunde Ernährung und vernünftige Bewegung auch selbst antioxidative Wirkung.

Der amerikanische Arzt Dr. K. H. Cooper, eine anerkannte Kapazität in Sachen Sport, Fitness und Gesundheit, empfiehlt vor allem gemäßigten Ausdauersport im Kampf gegen freie Radikale. Als besonders wirkungsvoll beschreibt er regelmäßiges schnelles Gehen – mindestens dreimal pro Woche 30 Minuten. Ein einfaches Mittel, das sich nicht nur problemlos anwenden lässt, sondern das garantiert ohne Nebenwirkungen bleibt.

Idael für eine Langzeittherapie

Vor allem amerikanische Untersuchungen haben gezeigt, dass die Einnahme von Niazin über einen längeren Zeitraum (bis zu 15 Jahren) normalerweise sehr gut vertragen wird. Das ist nicht bei allen fettsenkenden Medikamenten gesichert, weil häufig keine Langzeitbeobachtungen vorliegen. Manche Forscher gehen sogar davon aus, dass Menschen mit zu hohem Cholesterin Niazinpräparate ein ganzes Leben lang ohne Schaden einnehmen können. Da Niazin über die Leber abgebaut wird, diesem Organ also ein wenig mehr Arbeit macht, ist es sinnvoll, von Zeit zu Zeit die Leberwerte prüfen zu lassen. Personen, deren Leber bereits durch eine Krankheit (etwa Zirrhose) oder zu langen und zu hohen Alkoholgenuss geschädigt ist, können eventuell Probleme mit Niazin bekommen.

Obwohl Niazin ein gründlich erforschter und nachweislich wirkungsvoller, gut verträglicher, klassischer Fettsenker ist, wird dieses Medikament von vielen Ärzten nicht verschrieben. Sprechen Sie Ihren Arzt also gezielt darauf an. Vor allem, wenn Ihr Cholesterinspiegel nur leicht erhöht ist, kann eine Kur mit den in diesem Buch vorgeschlagenen Ernährungs- und Lebensumstellungen, kombiniert mit täglich einer halben Tasse Haferkleie und ein bis drei Gramm Niazin, in wenigen Monaten zum Erfolg führen. Voraussetzung ist natürlich, dass bei Ihnen keine Gegenanzeigen auftreten.

Niazin sollte nicht eingenommen werden bei Herz-Kreislauf-Problemen, schweren Leberstörungen, Darmgeschwüren, Zuckerkrankheit und in der Schwangerschaft.

Die Vitamine E, C und Beta-Karotin

Um zu verstehen, warum einige Vitamine für unseren Fettstoffwechsel von Bedeutung sind, muss man ein wenig ausholen und über Oxidationsprozesse sprechen. Oxidation ist ein Vorgang, an dem Sauerstoff beteiligt ist. Bei jedem Feuer beispielsweise spielt Oxidation eine Rolle. Rost an Metallen entsteht durch die Einwirkung von Sauerstoff, also durch Oxidation. Wird Butter ranzig, ist das ebenfalls eine Oxidations-

Außer Kontrolle geratene nützliche Radikale werden zu zellschädigenden freien Radikalen.

folge. Auch in unserem Körper finden Oxidationsprozesse statt, die sich teilweise schädlich auswirken. So weiß man etwa, dass sich oxidiertes LDL besonders leicht an den Gefäßwänden ablagert. Die Auslöser für schädliche Oxidationsprozesse im Körper sind so genannte freie Radikale.

Ein Molekül, dem in der äußeren Schale ein Elektron fehlt, wird ein Radikal genannt (vom lateinischen Wort radix = Wurzel). Ein solches Molekül hat nichts anderes im Sinn, als sich dieses fehlende Elektron so rasch wie möglich wieder zu holen. Dazu attackiert es andere Moleküle und entreißt ihnen dieses Elektron. Nun fehlt es aber diesem anderen Molekül, es ist selbst zum Radikal geworden – und greift seinerseits wieder Moleküle an. Eine Kettenreaktion, die erst unterbrochen wird, wenn sich zwei Radikale treffen und zusammen zu einem stabilen Molekül verschmelzen.

Grundsätzlich sind Radikale in unserem Körper nichts Schlimmes. Im Gegenteil, er braucht sie sogar für die Immunabwehr, denn Radikale machen Krankheitserreger unschädlich. Gefürchtet sind Radikale nur dann, wenn sie unkontrolliert ihr

Ein Frühstück mit Kaffee, Ei, Butter und Marmelade ist zwar ein wohlschmeckender Start in den Tag, doch keine Wohltat für die Blutfettwerte. Mehr Vitamin C, E und Provitamin A in Form von Müsli, Obst und Karottensaft wäre günstiger zum Schutz vor freien Radikale.

VITAMINE & CO. ZUM SCHUTZ DER GEFÄSSE

- Vitamin E (Tocopherol)
- Beta-Karotin
- Vitamin C
- Selen
- Koenzym Q 10 (Ubiquinon)

Unwesen treiben. Dies sind dann die freien Radikale. Nehmen sie überhand, greifen sie die verschiedensten Strukturen im Organismus an, vor allem die empfindlichen Zellmembranen. Durch diese Zellschädigungen kann es zu Krankheiten wie etwa Krebs kommen. Um die freien Radikale in Schach zu halten bzw. Schäden zu reparieren, die sie bereits angerichtet haben, braucht der Körper so genannte Antioxidanzien: Vitamin C, Vitamin E und die Vitamin-A-Vorstufe Beta-Karotin. Und hier schließt sich wieder der Kreis zum Cholesterin. Da es in Form von Fettsäuren in all unseren Zellen enthalten ist, muss es vor Oxidation geschützt werden, denn oxidiertes Cholesterin ist besonders gefährlich für unsere Blutgefäße. Antioxidanzien können zwar den Cholesterinspiegel nicht nachweislich senken, doch sie schützen unsere Gefäße mit großer Wahrscheinlichkeit auch vor schädlichen Cholesterinablagerungen.

Es gibt drei antioxidativ wirkende Vitamine: Vitamin C, Vitamin E und die Vitamin-A-Vorstufe Beta-Karotin.

Vitamin E

Vitamin E (Tocopherol) ist Bestandteil der Zellen und schützt das Körperfett vor Oxidation. Besonders die ungesättigten Fettsäuren brauchen dieses Vitamin. Der menschliche Körper speichert Vitamin E. Vitamin E muss täglich mit der Nahrung oder als Medikament aufgenommen werden. Hauptsächlich enthalten ist dieses Vitamin in pflanzlichen Ölen, am meisten in Weizenkeimöl, Sonnenblumenöl und Walnussöl, außerdem in Getreidekeimen, Nüssen und Samen. Viele Gemüse enthalten Vitamin E, besonders Schwarzwurzel, Fenchel, Knollensellerie und Paprika. Außerdem Sojabohnen und einige Obstsorten.

Früchte sollten gleich nach dem Kauf verzehrt werden, da ihr Vitamin-C-Gehalt frisch am höchsten ist.

Ein sehr gutes Vitamin-E-Präparat ist Alpha-Tocopherol, das allerdings recht teuer ist.

Man hat herausgefunden, dass nicht alle Menschen ausreichend Vitamin E mit der Nahrung aufnehmen. Haben Sie den Verdacht, dass Sie dazugehören, sollten Sie mit Ihrem Arzt über ein entsprechendes Präparat reden. Wichtig ist, dass es sich dabei um Alpha-Tocopherol handelt, da andere, künstlich hergestellte Tocopherole nur schlecht vom Körper aufgenommen werden können und man sie daher wesentlich höher dosieren müßte.

Beta-Karotin

Beta-Karotin, die Vorstufe von Vitamin A, gehört zu den wichtigsten Antioxidanzien. Der Vorteil gegenüber Vitamin A: Beta-Karotin ist wasserlöslich und reichert sich im Körper nicht an, kann also auch nicht zu Vergiftungen führen. Ein Überschuss wird über die Nieren ausgeschieden, während Vitamin A in der Leber gespeichert wird und zu Schäden führen kann. Beta-Karotin kommt in der Nahrung vor allem in gelben und roten Früchten wie Karotten, Paprika, Tomaten, Hagebutten,

Orangen oder Pfirsichen vor sowie in grünen Gemüsen wie Grünkohl. Es ist auch als Kapseln in der Apotheke erhältlich. Zum Schutz vor Krankheiten gelten rund 20 Milligramm täglich als notwendig.

Beta-Karotin gehört zu den fettlöslichen Vitaminen. Sie sollten es also immer zusammen mit Fett, etwa mit ein wenig Salatöl, zu sich nehmen.

Vitamin C

Dieses Vitamin, auch Askorbinsäure genannt, ist nicht nur ein wirksames und wichtiges Antioxidans in wässriger Umgebung. Ihm wird sogar die Fähigkeit zugeschrieben, oxidiertes Vitamin E in funktionsfähiges zurückverwandeln zu können. Außerdem ist Vitamin C dafür bekannt, dass es die Heilung von Wunden beschleunigt und das Immunsystem bei der Abwehr von Infektionskrankheiten unterstützt. Daneben fördert es die Funktion und Bildung von Knochen, Zähnen und Bindegewebe.

Enthalten ist Vitamin C in Zitrusfrüchten, Johannisbeeren, Kiwi, Sanddorn, Hagebutten, Paprika, allen Kohlsorten, in Kräutern, vor allem in Petersilie und Kartoffeln. Beim Kochen und bei längerer Lagerung geht ein großer Teil des wertvollen Vitamins verloren, weil es sehr empfindlich gegen Hitze, Licht und Sauerstoff ist. So liegt beispielsweise der Vitamin-C-Verlust beim Kochen bei bis zu 80 Prozent.

Vitamin C ist ein wasserlösliches Vitamin. Der Körper kann es nicht speichern, daher muss es ihm täglich über die Nahrung zugeführt werden. Deshalb kommt es darauf an, reichlich frische Früchte oder Rohkost zu verzehren, um eine ausreichende Versorgung zu gewährleisten. Alternativ oder zusätzlich können Vitamin-C-Präparate (Askorbinsäure) als Pulver oder Brausetabletten eingenommen werden. Bestimmte Personengruppen wie Raucher, Senioren und Menschen mit hohem Alkoholkonsum haben einen erhöhten Bedarf an Vitamin C. Ebenso können einige Medikamente, etwa die Antibabypille oder Antibiotika, die Verwertung im Körper stören.

Selen

Das Spurenelement Selen ist erst in jüngster Zeit als essentieller (lebensnotwendiger) Nährstoff erkannt worden. Es ist für die Funktion von antioxidativen Enzymen von großer Bedeutung. Selen gelangt über die Böden in die Nahrungskette, es ist vor allem in Vollkornprodukten, Fleisch, Sojabohnen, Meerestieren, Hefe und Nüssen enthalten. Da in Europa die Böden arm an Selen sind, muss davon ausgegangen werden, dass Europäer generell unter einem Selenmangel leiden.

Reich an Selen sind hingegen die Böden in Anbaugebieten des amerikanischen Mittelwestens, Südamerikas und Chinas. Produkte aus diesen Gegenden wie etwa Reis, Bohnen oder Nüsse enthalten deshalb deutlich mehr Selen als die gleichen Lebensmittel europäischer Herkunft. Richtige Selenbomben, so hat man herausgefunden, sind beispielsweise Paranüsse. Täglich eine Hand voll davon gegessen, kann den kompletten Tagesbedarf an Selen decken. Als Medikament sollte Selen nur nach Absprache mit dem Arzt genommen werden, da eine Überdosierung zu Vergiftungen führen kann.

Paranüsse sind die reinsten Selenbomben.

Nüsse sind wahre Energiespender für Körper und Geist. Neben reichlich Eiweiß und ungesättigten Fettsäuren enthalten sie Selen und wichtige B-Vitamine – aber auch eine Menge Kalorien!

PILLEN NUR ALS NOTLÖSUNG

Die Vitamine E, C und Beta-Karotin sowie das Spurenelement Selen haben also eine nachweisbar günstige Wirkung auf die Blutfette. Werden diese Stoffe nicht in ausreichender Menge mit unserer Nahrung zugeführt, können sie auch als Pulver, Granulat oder Tabletten eingenommen werden. Grundsätzlich sollte man jedoch wissen, dass der Körper sowohl Vitamine als auch Mineralstoffe am besten aufnehmen und verarbeiten kann, wenn sie direkt mit der Nahrung zugeführt werden. Ob die künstlich hergestellten Substanzen im Körper ebenso optimal zur Wirkung kommen, ist noch nicht restlos erforscht. Man sollte also keineswegs glauben, dass man falsche Ernährungsgewohnheiten einfach mit einer Hand voll Pillen aus der Apotheke ausbügeln kann.

Für eine gesunde Ernährung ist es wichtig, dass man Vitamine und Spurenelemente zusammen mit der Nahrung zu sich nimmt. So können sie bestmöglich ihre Wirkung entfalten. Es ist also nicht damit getan, dass man sich mit Präparaten zufrieden gibt.

Koenzym Q 10

Koenzym Q 10 (auch Ubiquinon) kommt hauptsächlich in Fisch, Nüssen, magerem Fleisch und Pflanzenölen mit mehrfach ungesättigten Fettsäuren vor. Seine antioxidative Wirkung ist erst seit kurzem nachgewiesen. Es fördert die Umwandlung von Vitamin E im Körper und wirkt sich positiv auf den Stoffwechsel aus. Da dieser Stoff vom Organismus selbst produziert werden kann, sind sich die Fachleute nicht einig, ob eine zusätzliche Einnahme entsprechender Präparate überhaupt sinnvoll ist. Einige raten sogar von einer Dauereinnahme ab, obwohl schädliche Nebenwirkungen bisher noch nicht bekannt sind. Allerdings ist die Wirksamkeit dieser Substanz insgesamt noch recht wenig erforscht. Sprechen Sie also in jedem Fall mit Ihrem Arzt über eine mögliche Einnahme von Koenzym Q 10.

Das Zwei-Monats-Programm

Die richtige Ernährungs- und Lebensweise garantiert heute und im Alter mehr Lebensfreude.

Nun haben Sie jede Menge darüber erfahren und gelernt, was Sie gegen einen zu hohen Cholesterinspiegel tun können. Wenn Ihre Blutfettwerte zu hoch sind, sehen Sie wahrscheinlich auch ein, dass Handlungsbedarf besteht. Doch wie ist nun all dies umzusetzen? Womit soll man anfangen, bei dieser Fülle von Ratschlägen, die wunderbar klingen, aber sich nur schwer alle auf einmal verwirklichen lassen?

Ein individuelles Programm

Es gibt keine allgemein gültigen Vorgaben für ein solches Cholesterinprogramm. Wie Sie eine unter Umständen tiefgreifende Umstellung Ihrer Ernährungs- und Lebensweise angehen, ist von Ihrer Persönlichkeit und individuellen Situation abhängig. Doch wir können Ihnen durchaus dabei helfen, einen individuellen Plan zusammenzustellen.

Eine Zeit des Umbruchs

Das Zwei-Monats-Programm ist nicht einfach eine Diät, die nach acht Wochen beendet ist. Es ist die Hinführung zu einer grundlegenden und dauerhaften Umstellung der Ernährungs- und Lebensweise. In dieser Zeit legen Sie Schritt für Schritt alte Gewohnheiten ab und ersetzen Sie durch neue, bessere. Es ist unmöglich, alles auf einmal zu ändern. Doch wenn Sie zwei Monate lang stetig und konsequent an sich arbeiten, werden Sie das Ergebnis nicht nur an Ihren Cholesterinwerten sehen, sondern Sie werden sich auch rundum vitaler fühlen.

Nicht vergessen: Bevor Sie mit dem Programm beginnen, sprechen Sie mit Ihrem Arzt darüber.

Jetzt geht's los!

Zunächst stellen Sie Ihre Ausgangsposition fest:

- Rechnen Sie Ihren Body-Mass-Index aus (siehe Seite 67/68) und prüfen Sie, ob Sie abnehmen müssen.
- Lassen Sie beim Arzt Ihre Cholesterinwerte bestimmen, aufgeschlüsselt in HDL, LDL und Triglyzeride.
- Notieren Sie bestehende Risikofaktoren: Rauchen (auch passiv), Alkoholkonsum, Anti-Baby-Pille, regelmäßige Medikamenteneinnahme, bestehende Krankheiten u.ä.
- Halten Sie fest, wie häufig Sie Sport machen bzw. sich bewegen: Fahren Sie nur Auto oder Bahn? Wie oft machen Sie einen Spaziergang? Arbeiten Sie hauptsächlich im Sitzen? Betreiben Sie irgendeine Sportart regelmäßig, etwa Schwimmen, Tennis spielen, Joggen, Gymnastik, Aerobic?

Erinnern Sie sich

Rufen Sie sich die vier Säulen einer gesunden Lebensweise ins Gedächtnis:

- Ausgewogene Ernährung
- Gewichtskontrolle
- Richtiger Umgang mit Stress
- Regelmäßige Bewegung

Den Rahmen abstecken

Nun folgen die beiden entscheidenden Fragen:

- Was tue ich bereits jetzt?
- Wo muss ich etwas verändern?

Vielleicht treiben Sie ja schon regelmäßig Sport, müssen also in erster Linie auf Ihre Ernährung achten. Oder Sie haben Ihr Normalgewicht, aber trotzdem einen erhöhten Cholesterinspiegel. Je weniger Sie ändern müssen, desto besser.

Doch was auch immer bei diesen Überlegungen herauskommt – danach legen Sie fest, mit welcher Veränderung Sie beginnen

Ihr Ziel ist klar: Sie wollen zu einer gesünderen Ernährungs- und Lebensweise finden.

ANZUSTREBENDE BLUTFETTWERTE

Gesamtcholesterin: 150–200 mg/dl
LDL: unter 135 mg/dl
HDL: über 45 mg/dl
Triglyzeride: unter 200 mg/dl
(mg/dl = Milligramm pro Deziliter Blutplasma)

und machen sich einen Plan für die kommenden acht Wochen. Nehmen Sie sich für jede Woche nur so viel vor, wie Sie schaffen können. Bedenken Sie, dass sowohl Ihr Geist als auch Ihr Körper sich umstellen muss. Und das geht nicht von heute auf morgen.

Erstellen Sie einen Wochenplan

Lassen Sie sich im Verlauf der zwei Monate regelmäßig vom Arzt checken.

Überlegen Sie gut, wie Sie Ihre acht Wochen aufbauen. Machen Sie sich einen Plan für jede Woche, kontrollieren Sie während der Kur, was Sie geschafft haben und haken Sie es ab. Im folgenden finden Sie ein paar Anregungen zu solchen Plänen. Wie Sie die einzelnen Punkte ausführen, finden Sie in den entsprechenden Kapiteln erläutert.

Sie werden sehen, dass es zum Teil sehr allgemeine Vorhaben sind, dass aber von Anfang an auch ganz konkrete Maßnahmen ergriffen werden. Insbesondere cholesterinsenkende Stoffe sollten Sie Ihrem Speiseplan bereits in der ersten Woche zufügen. So können anfangs kleine Mengen im Verlauf der zwei Monate ohne größere Belastungen für den Körper auf die gewünschte Enddosis erhöht werden.

Wir machen hier nur Vorschläge. Ihre persönlichen Wochenpläne können auch ganz anders aussehen!

1. Woche Fertigen Sie ein Ernährungsprotokoll an (siehe Seite 73). Vergessen Sie dabei die Getränke nicht! Probieren Sie doch auch einmal ein paar der Rezepte ab Seite 126 aus.
Beginnen Sie damit, statt des Aufzugs die Treppen zu nehmen und jeden Tag ein Stück zu Fuß zu gehen. Überlegen Sie wel-

che Sportart Ihnen auf Dauer Spaß machen könnte! Auch mit der Einnahme von Niazin und Haferkleie sollten Sie schon ab dem ersten Tag beginnen. Im Verlauf der acht Wochen steigern Sie langsam die Dosis (siehe Kasten, Seite 124). Trinken Sie in den acht Wochen jeden Tag ein Glas Apfelessig.

2. Woche Der Speiseplan wird jetzt konkreter auf den erhöhten Cholesterinspiegel zugeschnitten. Machen Sie sich einen Einkaufszettel und kaufen Sie bewußt ein. Werten Sie das Ernährungsprotokoll aus. Am besten Sie gewöhnen sich auch gleich an, ein Stresstagebuch zu führen.

3. Woche Statt Butter nehmen Sie Margarine. Überlegen Sie, welche Entspannungstechnik Ihnen entsprechen könnte und vereinbaren Sie gleich eine Probestunde. Gehen Sie regelmäßig spazieren.

4. Woche Wie wäre es einmal die Woche mit einem schönen und cholesterinbewussten Essen beim Thailänder? Wo können Sie Stressmomente reduzieren?

5. Woche Ihr Ernährungsplan nimmt immer genauere Formen an. Ihr Körper gewöhnt sich an die veränderte Kost. Vergessen Sie nicht die Streicheleinheiten für Ihre Seele!

6. Woche Einige Ihrer Lieblingsrezepte können Sie sicher auch mit fettarmen Zutaten bereiten. Sie sollten sich nun für eine Sportart entschieden haben.

7. Woche Inzwischen brauchen Sie auch keine Margarine mehr auf dem Brot. Gibt es bestimmte Leckereien, die Sie nicht weglassen können? Verzichten Sie zumindest ein oder zwei Wochen lang darauf. Nehmen Sie sich Zeit für die Entspannung.

Haben Sie sich heute schon gefreut? Vergessen Sie nicht, sich Auszeiten zu nehmen.

8. Woche Betrachten Sie Ihre Erfolge und gratulieren Sie sich dazu. Was Sie bisher nicht geschafft haben, das nehmen Sie sich für die nächsten Wochen vor. Wichtig ist, dass Sie mit der Umstellung begonnen haben und auf diesem Weg konsequent weitergehen.

Informationen zu Haferkleie und Niazin finden Sie auch auf den Seiten 100 und 110 dieses Buches.

DOSIERUNG VON NIAZIN UND HAFERKLEIE

Je nach Höhe des Cholesterinspiegels beträgt die Enddosis ein bis vier Gramm Niazin und eine halbe bis eine ganze Tasse (50–100 Gramm) Haferkleie.

Haferkleie Beginnen Sie mit einem Esslöffel Kleie, die Sie beim Kochen verwerten, etwa indem Sie sie in die Suppe rühren oder Soßen damit binden. Nach ein paar Tagen nehmen Sie zwei Esslöffel und erhöhen weiter, bis sie bei täglich einer halben bzw. einer ganzen Tasse angelangt sind. Nach einiger Zeit können Sie einen Teil der Haferkleie auch kalt zu sich nehmen, z. B. in den Jogurt gerührt oder über das Müsli gestreut.

Niazin Beginnen Sie mit einer Dosis von 200 Milligramm pro Tag. Erhöhen Sie die Dosis alle drei Tage um weitere 200 Milligramm bis zur gewünschten Menge. Das Niazin nehmen Sie zum Essen ein, möglichst zwei- bis viermal täglich.

Erleichterung der Geschmacksumstellung

- Anfangs fettarme mit gewohnten Speisen mischen.
- Das Fett Woche für Woche reduzieren: Arbeiten Sie sich langsam von fetten Produkten über weniger fette bis hin zu den mageren Lebensmitteln vor, etwa von Vollmilchjogurt über fettarmen zum Magerjogurt. Ebenso verfahren Sie bei Käse, Milch, Fleisch, Knabbereien usw.
- Für den Umstieg von Weiß- auf Vollkornmehl können Sie anfangs Weißmehl mit Vollkornmehl im Verhältnis 1:1 mischen. Auch an Vollkornnudeln und Vollkornreis gewöhnen Sie sich leichter, wenn Sie diese zu Beginn mischen. Reduzieren Sie den »weißen« Teil nach und nach zu Gunsten der Vollkornvariante.

Ernährungsregeln – beim Einkauf zu beachten

- Kaufen Sie mindestens einmal, besser sogar zwei- bis dreimal in der Woche Fisch. Ideal sind Kaltwasserfische wie Makrele, Lachs, Hering, Sardine oder Tunfisch. Nur 30 Gramm davon decken den täglichen Bedarf an cholesterinsenkenden Omega-3-Fettsäuren.
- Fleisch gibt es nur ein- bis zweimal pro Woche – und auch dann nur als Beilage.
- Ein Ei pro Woche ist erlaubt.
- Täglich fettarme Milch- und Milchprodukte sind ein Muss.
- Verzehren Sie jeden Tag reichlich Obst und Gemüse.
- Viel Getreide und Getreideprodukte stehen ebenfalls täglich auf dem Speiseplan.
- Trinken Sie jeden Tag mindestens zwei Liter. Am besten sind ungesüßte Kräuter- und Schwarztees, Saftschorle – Kaffee nur in Maßen.
- Verwenden Sie Fett und Öl sparsam und greifen Sie möglichst nur zu pflanzlichen Varianten.

Alkoholische Getränke wie Wein oder Bier möglichst nur zu besonderen Anlässen und auch dann nur in Maßen trinken.

Nehmen Sie gesunde Vollkornstullen mit ins Büro. Das spart den Weg in die Kantine.

Cholesterin- und fettarme Rezepte

Frühstück

Frühstücksmüsli

♦ ZUTATEN ♦

30 g Cornflakes
20 g Vollkornhaferflocken
150 ml Milch (1,5% Fett)
1 Apfel
10 g Haselnüsse
1 TL Honig

1 Die Cornflakes und die Vollkornhaferflocken einige Minuten in der kalten Milch einweichen lassen.

2 In der Zwischenzeit den Apfel schälen und raspeln. Die Nüsse ebenfalls raspeln und anschließend mit dem Apfel unter die Cornflakes rühren.

3 Das Müsli mit Honig abschmecken.

Für eine Person

Cholesterin: ca. 9 mg
Fett: ca. 10 g

Apfel-Kiwi-Müsli

♦ ZUTATEN ♦

1 Kiwi, 1/2 Apfel, 1/2 Birne, 4 EL Haferflakes mit Kleie
1 EL gehackte Mandeln
1 Becher Jogurt ohne Frucht (1,5% Fett)
etwas Zitronensaft

1 Das Obst schälen, entkernen und in kleine Stücke schneiden.

2 Mit den Kleie-Haferflakes, den gehackten Mandeln und dem Honig vermischen.

3 Den Jogurt über die Obst-Haferflakes-Mischung geben.

4 Das Müsli ganz nach Belieben mit Zitronensaft abschmecken.

Für eine Person

Cholesterin: ca. 9 mg
Fett: ca. 4 g

Süßer Brotaufstrich

♦ ZUTATEN ♦

40 g Vollkornhaferflocken oder Haferkleie
1 EL entfettetes Sojamehl, 1 gehäufter EL entöltes Kakaopulver
1 TL Weizenkeimflocken
1 Prise Zimt
40 ml Wasser
1/2 TL Vanillearoma
2 EL Honig, 60 g Halbfett-Margarine
Flüssiger Süßstoff

1 Die Haferflocken mahlen. Das entstandene Mehl bzw. die Haferkleie mit Sojamehl, Kakaopulver, Weizenkeimflocken und einer Prise Zimt vermischen.

2 Wasser mit dem Vanillearoma erwärmen, den Honig darin auflösen und zu der Flockenmischung geben.

3 Die Margarine unterschlagen, alles gut verrühren und mit Süßstoff abschmecken.

4 Den Brotaufstrich über Nacht im Kühlschrank fest werden lassen.

Für 4 Personen

Cholesterin: –
Fett: ca. 7 g

Suppen

Gemüsesuppe mit Tofu

◆ ZUTATEN ◆

300 g Tofu
1 EL Olivenöl
1 Zwiebel
2 Karotten
je 1 kleine Stange Staudensellerie und Lauch
200 g Kartoffeln
2 EL Margarine
1 l Gemüsebrühe
Salz, Pfeffer, Zucker, Muskat
1 Lorbeerblatt
Nelken, Pfeffer- und Senfkörner
1 Bund Petersilie

1 Das Olivenöl in der Pfanne erhitzen. Tofu in kleine Würfel schneiden und in der Pfanne unter ständigem Rühren kurz im Öl anbraten. Die Tofuwürfel aus der Pfanne herausnehmen.
2 Zwiebel, Karotten, Sellerie, Lauch und Kartoffeln putzen. Die Margarine erhitzen und das Gemüse kurz darin anschwitzen lassen.
3 Die Gemüsebrühe dazugießen und kurz aufkochen lassen. Mit Salz, Pfeffer, Zucker und Muskat je nach Geschmack würzen. Das Lorbeerblatt, die Nelken, Pfeffer- und Senfkörner in einen kleinen Gewürzbeutel geben und den Beutel in den Topf hängen.
4 Alle Zutaten bei mittlerer Temperatur 15–20 Minuten garen. Anschließend den Beutel aus dem Topf nehmen und die angebratenen Tofuwürfel vorsichtig unterheben.
5 Die Suppe noch einmal abschmecken, vom Herd nehmen und kurz vor dem Servieren mit der fein gehackten Petersilie bestreuen.

Für vier Personen

Cholesterin: –
Fett: ca. 27 g

Brokkolicremesuppe

◆ ZUTATEN ◆

1500 g Brokkoli
1/2 l Wasser
1 TL Hefeextrakt
Salz, Pfeffer
2 EL Jogurt (3%)

1 Den Brokkoli waschen, putzen und in Röschen zerteilen.
2 In verhältnismäßig wenig Wasser dünsten.
3 Sobald der Brokkoli bissfest gedünstet ist, mit dem Handrührgerät oder dem Pürierstab pürieren.
4 Den pürierten Brokkoli mit dem restlichen Wasser aufgießen und kurz aufkochen lassen.
5 Die Suppe mit dem Hefeextrakt würzen.
6 Mit Salz und Pfeffer abschmecken.
7 Den Topf von der Herdplatte nehmen.
8 Den Jogurt vorsichtig mit einem Schneebesen unterrühren.

Für vier Personen

Cholesterin: ca. 4 mg
Fett: ca. 1 g

Eintöpfe

Kartoffeleintopf

◆ ZUTATEN ◆

2 Zwiebeln
2 TL Öl
3 Karotten
2 l Gemüsebrühe
1 kg Kartoffeln
1 Bund Suppengrün
75 g saure Sahne (1%)
Salz, Pfeffer, Muskat
1 Bund Schnittlauch

1 Die Zwiebeln würfeln und im Öl andünsten. Die Karotten in Scheiben schneiden, dazugeben und kurz mitandünsten. Nach und nach die Gemüsebrühe zugießen.

2 Die Kartoffeln schälen und klein würfeln. Zu der Brühe und dem Gemüse geben. Alle Zutaten etwa 30 Minuten bei schwacher Hitze köcheln lassen.

3 Das Suppengrün putzen, grob zerkleinern, hinzugeben und 10 Minuten mitkochen.

4 Den Eintopf mit Salz, Pfeffer und Muskat abschmecken. Saure Sahne unterheben und den in feine Röllchen geschnittenen Schnittlauch darüber streuen.

Für vier Personen

Cholesterin: ca. 5 mg
Fett: ca. 12 g

Gemüseeintopf

◆ ZUTATEN ◆

200 g Zwiebeln
200 g Zucchini
200 g Paprika
2 EL Pflanzenöl
300 g Auberginen
1/4 l Weißwein oder Gemüsebrühe
Knoblauch, Salz, Pfeffer, Muskat, Oregano

1 Die Zwiebeln schälen und fein würfeln. Zucchini und Paprika waschen, putzen und ebenfalls in kleine Würfel schneiden. Öl erhitzen und das Gemüse darin anbraten.

2 Die Auberginen waschen, putzen, klein schneiden und zum Gemüse geben.

3 Den Weißwein oder die Brühe zum Eintopf gießen, mit etwas gepresstem Knoblauch, Salz, Pfeffer, Muskat und Oregano würzen.

4 Den Eintopf ca. 25 Minuten köcheln lassen.

Für drei Personen

Cholesterin: –
Fett: ca. 7 g

Kichererbseneintopf

◆ ZUTATEN ◆

1/2 Dose Kichererbsen (ca. 120 g)
1 Knoblauchzehe, Salz, Muskat, Kreuzkümmel, Rosenpaprika
1 Stück Gurke (ca. 100 g)
1/2 Apfel, Petersilie
Schnittlauch

1 Die Kichererbsen in einem Sieb abtropfen lassen und in einen Topf geben. Die Gewürze dazugeben und ca. 10 Minuten köcheln lassen.

2 Den Eintopf vom Herd nehmen und kurz vor dem Servieren die geraspelte Gurke und den Apfel mit den fein gehackten Kräutern unterrühren.

Für eine Person

Cholesterin: –
Fett: ca. 2 g

Gemüse

Getreide-Gemüse-Bratling

1 Die Zwiebeln schälen und würfeln. Das Öl in einer Pfanne erhitzen. Das Grünkernschrot dazugeben und kurz mitandünsten.
2 Nach und nach die Gemüsebrühe dazugießen. Bei schwacher Hitze etwa 20 Minuten quellen lassen.
3 Die Karotten und den Lauch waschen und putzen. Anschließend das Gemüse fein zerkleinern und zu den gewürfelten Zwiebeln geben.
4 In der Zwischenzeit die Sonnenblumenkerne in einer fettfreien Pfanne rösten.
5 Das Ei-Ersatzpulver mit dem Wasser verrühren. Mit der Mischung aus der Pfanne, den gerösteten Sonnenblumenkernen, der gehackten Petersilie und den Vollkornbröseln verkneten. Mit Salz und Pfeffer würzen.
6 Acht Bratlinge formen. Auf ein Blech setzen und im vorgeheizten Backofen bei 200 °C etwa 20 Minuten backen. Anschließend umdrehen und noch eimal kurz weiterbacken.
7 Dazu reichen Sie Rohkost oder Salat.

Für vier Personen

Cholesterin: –
Fett: ca. 7 g

♦ ZUTATEN ♦

2 Zwiebeln
2 EL Pflanzenöl
150 g Grünkernschrot
350 ml Gemüsebrühe
100 g Karotten
150 g Lauch
20 g Sonnenblumenkerne
2 Messlöffel Ei-Ersatzpulver
4 Messlöffel Wasser
1 Bund Petersilie
2 EL Vollkornbrösel
Salz, Pfeffer

Brokkoli-Auflauf

1 Die Nudeln in kochendem Salzwasser bissfest garen.
2 Den Broccoli waschen, putzen und in kleine Röschen zerteilen. Unter die abgegossenen Nudeln heben.
3 Aus Mehl und Butter eine helle Einbrenne zubereiten. Das Tomatenmark unterrühren, mit Gemüsebrühe und Milch ablöschen.
4 Alle Zutaten 3 Minuten kochen lassen. Mit Cayennepfeffer und Salz abschmecken.
5 Die Nudel-Brokkoli-Mischung in eine feuerfeste Form geben. Die Soße darüber geben und mit dem geriebenen Käse bestreuen.
6 Im vorgeheizten Backofen bei ca. 225 °C überbacken.

Für zwei Personen

Cholesterin: ca. 5 mg
Fett: ca. 40 g

♦ ZUTATEN ♦

250 g Vollkornnudeln
600 g Brokkoli
50 g Weizenvollkornmehl
40 g Butter
50 g Tomatenmark
1/2 l Gemüsebrühe
1/8 l Milch (1,5%)
Cayennepfeffer, Salz
200 g Edamer (30%)

Radieschengemüse

◆ ZUTATEN ◆

3–4 Bund Radieschen
2 EL Diätmargarine
Salz
Pfeffer aus der Mühle
Saft einer 1/2 Zitrone

1 Die Radieschen von Blättern und Wurzeln befreien. Einige schöne Blätter beiseite legen. Waschen, je nach Größe halbieren oder vierteln. Die Radieschenblätter kurz waschen und mit Küchenpapier trocken tupfen.

2 Die Margarine in einem Topf erhitzen. Radieschen dazugeben.

3 Mit Salz und Pfeffer abschmecken und bei mittlerer Hitze 10 Minuten dünsten. Nach 5 Minuten den Zitronensaft dazugießen.

4 Die halbierten oder geviertelten, in schmale Streifen geschnittenen Blätter kurz vor dem Ende der Garzeit unter die Radieschen als Beilage rühren.

5 Radieschengemüse kann gut zu gedünsteter Hühnerbrust gereicht werden.

Für vier Personen

Cholesterin: -
Fett: ca. 16 g

Überbackene Auberginen

◆ ZUTATEN ◆

2 mittelgroße Auberginen
1 Tomate
8 Basilikumblätter
Salz
Pfeffer aus der Mühle
1 EL Diätmargarine
4 dünne Scheiben roher Schinken (ohne Fettrand)
80 g Parmesan (30%)

1 Die Auberginen waschen, abtrocknen und der Länge nach halbieren. Die Schnittflächen mit etwas Salz bestreuen, das zieht die Bitterstoffe aus dem Gemüse. Ca. 15 Minuten ziehen lassen.

2 Die Tomate mit kochend heißem Wasser überbrühen. Die Haut abziehen und das Fruchtfleisch in Scheiben schneiden.

3 Die Basilikumblätter kurz unter fließendem Wasser waschen. Trockenschleudern und in Streifen schneiden. Die Auberginen mit den Schnittflächen nach unten auf ein Backblech legen und im auf 220 °C vorgeheizten Ofen 20 Minuten backen. In der Zwischenzeit den Parmesankäse reiben.

4 Anschließend die Auberginen aus dem Ofen nehmen, umdrehen und die Schnittflächen mit der Margarine bestreichen. Je nach Geschmack salzen und pfeffern. Mit je 1 Schinken- und 2 Tomatenscheiben belegen. Die Basilikumstreifen und den geriebenen Käse darüber streuen.

5 Die Auberginen wieder in den Backofen schieben und überbacken, bis der Käse geschmolzen ist.

Für zwei Personen

Cholesterin: ca. 95 mg
Fett: ca. 33 g

Zwiebelgemüse mit Champignons aus dem Wok

1 Die Frühlingszwiebeln putzen, waschen und in dünne schräge Ringe schneiden.
2 Die Champignons putzen, in feine Scheiben schneiden.
3 Das Sesamöl in einem Wok erhitzen. Die Zwiebelringe darin unter ständigem Rühren andünsten. Die Pilzscheiben und die Gewürze dazugeben. Unter ständigem Rühren 5–10 Minuten scharf andünsten.
4 Das Gemüse mit der Sojasoße abschmecken. Dieses Gemüsegericht eignet sich gut zu gebratenem Fisch.

Für zwei Personen

Cholesterin: -
Fett: ca. 10 g

♦ ZUTATEN ♦

1 Bund Frühlingszwiebeln
250 g Champignons
1 EL Sesamöl
je 1 Messerspitze gemahlenes Zitronengras
etwas gemahlener Koriander und Kurkuma
1 EL Sojasoße

Möhren mit Tofu

1 Die Möhren putzen und auf einer Küchenreibe mittelfein reiben.
2 Die Rosinen kurz in warmem Wasser einweichen.
3 In der Zwischenzeit die Walnusskerne grob hacken.
4 Für die Tofusoße Tofu, Sahne, Honig und Zitronensaft zu einer geschmeidigen Masse verrühren. Die Rosinen abgießen, gut abtropfen lassen und mit den Möhrenraspeln und Walnusskernen vermischen und die Zwiebelwürfel darin andünsten.

Für zwei Personen

Cholesterin: ca. 3 mg
Fett: ca. 10 g

♦ ZUTATEN ♦

250 g Möhren
50 g Rosinen
50 g Walnusskerne
125 g Tofu
3 EL Sahne (10% Fett)
1 TL Honig
2–3 EL Zitronensaft

Überbackener Chicorée

1 Den Chicorée putzen und der Länge nach halbieren, den bitteren Keil herausschneiden.
2 In kochendes Salzwasser legen und 2–3 Minuten ziehen lassen. Auf ein Gitter legen und abtropfen lassen.
3 Mit Margarine und Mehl eine helle Einbrenne bereiten, mit der Gemüsebrühe aufgießen und kurz aufkochen lassen. Mit Muskat, evtl. Salz abschmecken.
4 Den Boden einer feuerfesten Form mit Öl bestreichen. Den Chicorée hineinlegen, die Soße darüber gießen und mit dem geriebenen Käse im Backofen überbacken.

Für vier Personen

Cholesterin: ca. 5 mg
Fett: ca. 4 g

♦ ZUTATEN ♦

600 g Chicorée
2 EL Diätmargarine
2 EL Mehl
1/4 l Gemüsebrühe
Muskat
1 TL Öl
50 g geriebener Käse (30%)

Reis, Nudeln, Kartoffeln

Gemüse mit Nudeln

♦ ZUTATEN ♦

200 g Vollkornnudeln ohne Ei
1 Gemüsezwiebel
500 g Karotten
½ Sellerieknolle
30 g Diätmargarine
1,5 l Gemüsebrühe
je 250 g Weißkohl und 250 g Rosenkohl
Pfeffer, Salz, Knoblauch
1 Bund Petersilie

1 Zwiebeln, Karotten und Sellerie in kleine Würfel schneiden und in der Margarine andünsten.

2 Die Gemüsebrühe langsam zugießen, das Gemüse darin etwa 10 Minuten kochen.

3 Den klein geschnittenen Weißkohl und den Rosenkohl hinzugeben und weitere 15 Minuten kochen.

4 Am Schluss die gekochten Nudeln untermischen, abschmecken und die frisch gehackte Petersilie darüber streuen.

Für sechs Personen

Cholesterin: -
Fett: ca. 10 g

Kartoffeln mit Pilzen

♦ ZUTATEN ♦

500 g junge Kartoffeln
2 EL Pflanzenöl
500 g frische Champignons, 2 Zwiebeln
Pfeffer, Salz
1 Knoblauchzehe

1 Die Kartoffeln waschen, abtrocknen und halbieren.

2 Backblech mit 1 ½ EL Öl bestreichen. Kartoffeln mit Schnittfläche darauf setzen und salzen.

3 Im vorgeheizten Backofen bei 225 °C (Gasherd Stufe 4) etwa 30–40 Minuten backen.

4 Die Champignons putzen und vierteln. Die Zwiebeln schälen und fein würfeln.

5 Das restliche Öl erhitzen und die Zwiebelwürfel darin glasig braten. Die Champignons dazu geben, würzen und etwa 15 Minuten schmoren lassen.

Für zwei Personen

Cholesterin: -
Fett: ca. 11 g

Nudeln mit Brokkoli

♦ ZUTATEN ♦

250 g Spagetti ohne Ei
400 g Brokkoli
2 Knoblauchzehen
4 EL Olivenöl
Chilipulver
4 EL geriebenen Parmesan (30% Fett)

1 Den Brokkoli putzen, waschen und zerteilen. Die Röschen in Salzwasser ca. 5 Minuten dünsten, abtropfen lassen.

2 Die Knoblauchzehen mit einer Gabel zerdrücken. Öl in einer Pfanne erhitzen. Knoblauch und Brokkoli dazugeben und gut zerdrücken.

3 Die Brokkolipaste mit den gekochten Nudeln vermischen. Mit Chilipulver würzen und den geriebenen Parmesan darüber streuen.

Für vier Personen

Cholesterin: ca. 10 mg
Fett: ca. 12 g

Spagetti Bolognese

◆ ZUTATEN ◆

400 g Spagetti ohne Ei
1 Zwiebel
2 EL Olivenöl
250 g Rinderhack
500 g Dosentomaten
2 EL Tomatenmark
Salz, Pfeffer, Basilikum, Thymian, Knoblauch
Parmesan (30%)

1 Die Spagetti in kochendem Salzwasser nach Packungsanweisung garen.

2 In der Zwischenzeit für die Soße die Zwiebel schälen und fein hacken.

3 Das Olivenöl in einem Topf erhitzen und die Zwiebelwürfel darin anbraten. Das Rinderhack dazugeben und bei starker Hitze scharf anbraten.

4 Die Dosentomaten in eine Schüssel geben und mit einem Messer grob zerkleinern. Dabei eventuell noch enthaltene Stielansätze entfernen.

5 Die Dosentomaten zu dem gut angebratenen Hackfleisch geben. Das Tomatenmark und die Gewürze unterrühren.

6 Alle Zutaten etwa 10 Minuten bei mittlerer Hitze köcheln lassen.

7 Die Soße abschmecken. Die Nudeln abgießen und sofort mit der Soße servieren. Den geriebenen Parmesan darüber streuen.

Für vier Personen

Cholesterin: ca. 130 mg
Fett: ca. 31 g

Reispfanne

◆ ZUTATEN ◆

400 g Naturreis
2 Zwiebeln
40 g Pflanzenfett
200 g frische Champignons
50 g Walnüsse
Salz, Curry
1 große Banane

1 Den Reis in einen Topf geben und mit etwa der zweieinhalbfachen Menge Wasser aufgießen. Salzen, kurz aufkochen lassen. Die Hitze reduzieren und ausquellen lassen, bis das Wasser ganz aufgesogen ist.

2 Die Zwiebeln schälen und fein hacken. Das Fett in einer Pfanne zerlassen und die Zwiebeln darin glasig dünsten.

3 Die Champignons putzen und in dünne Scheiben schneiden. Die Walnüsse grob hacken. Die Champignonscheiben und die Walnüsse zu den Zwiebeln geben. Mit Salz und Curry würzen und einige Minuten einköcheln lassen.

4 Den Reis mit dem Gemüse vermischen. Am Schluss die in Scheiben geschnittene Banane dazugeben.

Für zwei Personen

Cholesterin: -
Fett: ca. 50 g

Die Reispfanne schmeckt durch ihre etwas exotischen Zutaten besonders reizvoll. Probieren Sie das Rezept ruhig auch einmal, wenn Sie Gäste haben.

Fleisch

Panierte Schnitzel

♦ ZUTATEN ♦

500 g Putenschnitzel
1 EL Ei-Ersatzpulver
ca. 40 ml Wasser
(oder 1 Eiklar)
2 EL Mehl
2 EL Haferkleie
1 EL Pflanzenöl
Salz, Pfeffer, Paprika

1 Die Schnitzel mit dem Handballen oder einem Fleischklopfer etwas flach klopfen.

2 Das Ei-Ersatzpulver mit dem Wasser oder Eiklar anrühren. Mit Mehl und Haferkleie vermischen. Die Schnitzel darin wenden.

3 Das Öl in der Pfanne erhitzen. Die Schnitzel auf beiden Seiten anbraten. Mit Salz, Pfeffer und Paprika würzen. 10 Minuten garen.

4 Sie können anstatt der Putenschnitzel auch 500 g Kabeljaufilet verwenden. Den Fisch vor dem Panieren mit Zitronensaft beträufeln.

Für vier Personen

Cholesterin: ca. 180 mg
Fett: ca. 15 g

Puten-Chili

♦ ZUTATEN ♦

500 g gehackte Putenbrust (ohne Knochen)
1 grüne Paprika
1/2 TL Diätmargarine
1 Zwiebel
1 Dose Kidney- oder Chilibohnen
1 große Dose geschälte Tomaten
Chili-Gewürzmischung

1 Die Putenbrust waschen, trockentupfen und durch den Fleischwolf drehen.

2 Die Margarine in einer tiefen Teflonpfanne zerlassen und das Putenhack darin scharf anbraten.

3 Die Paprika waschen, halbieren, putzen und klein schneiden. Die Zwiebeln schälen und fein hacken. Das Gemüse zu dem Putenhack geben.

4 Die Bohnen abtropfen lassen, mit den geschälten Tomaten in die Pfanne geben. Mit der Chili-Gewürzmischung abschmecken.

Für vier Personen

Cholesterin: ca. 180 mg
Fett: ca. 5 g

Putenschnitzel mit Beilagen

♦ ZUTATEN ♦

1 TL Olivenöl, 1 kleines Putenschnitzel
1 mittelgroße gekochte Kartoffel
100 g rote Bete aus dem Glas, frische Petersilie
Schnittlauch
Pfeffer, Salz

1 Putenschnitzel von beiden Seiten je 3–4 Minuten in Öl anbraten. Mit Salz und Pfeffer würzen.

2 Die Kartoffel halbieren und kurz mitbraten.

3 Das Putenschnitzel mit der Kartoffel zu der roten Bete servieren. Zuvor noch die gehackten Kräuter darüber streuen.

Für eine Person

Cholesterin: ca. 40 mg
Fett: ca. 5 g

Gemischte Fleischpfanne

1 ¼ l Hühnerbrühe zum Kochen bringen.

2 Die Zwiebel schälen und fein hacken. Die Karotte putzen und in kleine Würfel schneiden. Die Petersilie waschen und fein hacken. Gemüse, Petersilie, Lorbeerblatt und Pfefferkörner in die Brühe geben.

3 Das Rind- und das Kalbfleisch etwa 1 Stunde indem Sud köcheln lassen.

4 5 Minuten vor Ende der Garzeit das Hähnchenbrustfilet dazugeben.

5 Den Staudensellerie putzen, waschen und in mundgerechte Stücke schneiden. Die Schalotte würfeln und im Öl andünsten. Den Staudensellerie dazugeben. Mit Salz und Pfeffer abschmecken und mit etwas Kochbrühe vom Fleisch ablöschen. Zugedeckt 8–10 Minuten dünsten.

6 Fleisch aus der Brühe nehmen, aufschneiden und auf vorgewärmten Tellern anrichten. Mit etwas Sud übergießen und mit dem Staudensellerie servieren.

Für zwei Personen

Cholesterin: ca. 180 mg
Fett: ca. 11 g

◆ ZUTATEN ◆

1 TL Hühnerbrühe (Instant)
1 Zwiebel
1 kleine Karotte
1 Bund Petersilie
1 Lorbeerblatt
6 Pfefferkörner, Salz, Pfeffer aus der Mühle
125 g mageres Rindfleisch
125 g Kalbfleisch
125 g Hähnchenbrustfilet (ohne Haut)
200 g Staudensellerie
1 Schalotte

Schmeckt so lecker wie sie aussieht: die gemischte Fleischpfanne.

Fisch

Seelachsfilet mit Nudeln

♦ ZUTATEN ♦

100 g Vollkornnudeln
100 g Seelachsfilet
2 EL Apfelessig
1 kleine Stange Lauch
1 EL Pflanzenöl
3 EL Gemüsebrühe
Salz, Pfeffer

1 Die Vollkornnudeln in reichlich Salzwasser bissfest garen.

2 Das Seelachsfilet waschen und mit Küchenkrepp trockentupfen. Den Fisch mit Apfelessig beträufeln.

3 Den Lauch waschen, putzen und in Ringe schneiden.
Das Öl in einer Pfanne erhitzen und den Lauch darin andünsten. Nach etwa 3–5 Minuten mit dem restlichen Apfelessig und der Gemüsebrühe ablöschen.

4 Das Fischfilet auf den Lauch legen und zugedeckt ca. 5 Minuten bei geringer Hitze garen. Mit Salz und Pfeffer abschmecken.

5 Die Nudeln abgießen und sofort zum Fisch servieren.

Für eine Person

Cholesterin: ca. 30 mg
Fett: ca. 8 g

Lachs mit Spargel

♦ ZUTATEN ♦

2 Scheiben Lachs (je ca. 125 g)
500 g grüner Spargel
Salz, 1 Prise Zucker
1 EL Margarine
2 Schalotten
125 ml trockener Weißwein
250 ml Sahne
frisch gemahlener weißer Pfeffer
1 Prise Cayennepfeffer
1 Bund Schnittlauch

1 Das untere Drittel des Spargels schälen und die Enden abschneiden. Reichlich Salzwasser zum Kochen bringen, etwas Zucker und Margarine hinzufügen und den Spargel etwa 15 Minuten bei mittlerer Hitze gar kochen. Aus dem Wasser nehmen und warm stellen.

2 In der Zwischenzeit die Schalotten schälen und fein hacken. In einem Topf die restliche Margarine erhitzen, die Schalotten dazugeben und glasig dünsten. Mit der Hälfte des Weins ablöschen und bis auf ¼ der Menge einkochen lassen.

3 Die Sahne dazugießen und einköcheln lassen, bis eine cremige Soße entsteht. Mit Pfeffer und Salz abschmecken und die Soße warm stellen.

4 Den Schnittlauch waschen, trocknen, in kleine Röllchen schneiden und unter die Soße heben. Den restlichen Wein mit ¼ Liter Wasser aufkochen. Den Lachs waschen, trockentupfen, mit Salz und Pfeffer würzen und in den Sud legen. Bei geringer Hitze etwa 8 Minuten ziehen lassen. Den Lachs mit dem Spargel und der Soße anrichten und sofort heiß servieren.

Für zwei Personen

Cholesterin: ca. 120 mg
Fett: ca. 22 g

Lengfisch mit Blattspinat

1 Den Fisch waschen, trockentupfen und mit Zitronensaft beträufeln.
2 Den Blattspinat mehrmals gründlich waschen, die groben Stiele entfernen und abtropfen lassen.
3 Die Knoblauchzehe schälen und durch die Presse drücken. Mit dem zerdrückten Knoblauch und der Diät-Pflanzencreme eine feuerfeste Backform auspinseln. Den Spinat dazugeben, den Wein angießen, mit etwas Salz würzen und etwa 4–5 Minuten angaren lassen.
4 Den Lengfisch auf den Spinat legen, die Form zudecken und ca. 20 Minuten dünsten. Dann den Deckel öffnen und weitere 10 Minuten backen.
5 In der Zwischenzeit den Käse reiben und die Nüsse grob hacken. Beides mit der Sahne verrühren.
Den Fisch mit der Käse-Nuss-Sahne bestreichen und weitere 10 Minuten im Ofen überbacken.
6 Das fertige Gericht mit Kartoffeln oder Weißbrot servieren.

Für zwei Personen

Cholesterin: ca. 55 mg
Fett: ca. 15 g

◆ ZUTATEN ◆

200 g Lengfisch
1 EL Zitronensaft
300 g Blattspinat
1 Knoblauchzehe
1 EL Diät-Pflanzencreme
50 ml trockener Weißwein
Salz
50 g Edamer (30% Fett)
10 g Walnusskerne
100 ml Sahne (10% Fett)

Matjes-Topf

1 Matjesfilets mindestens 4–5 Stunden wässern und abtropfen lassen.
2 Die Zwiebeln schälen und in Ringe schneiden.
3 Für die Soße den Jogurt, die saure Sahne und den Senf verrühren. Mit Salz, Pfeffer und Zitronensaft kräftig abschmecken.
4 Die Gurken in Scheiben schneiden. Die Äpfel waschen, schälen, halbieren und das Kerngehäuse entfernen. Das Fruchtfleisch in kleine Würfel schneiden.
5 Die Gurkenscheiben und Apfelwürfel unter die Soße mischen.
6 Die Matjesfilets gut trockentupfen und die Soße darüber geben. Etwa 1 Stunde zugedeckt ziehen lassen.
Mit Vollkornbrot servieren.

Für vier Personen

Cholesterin: ca. 80 mg
Fett: ca. 5 g

◆ ZUTATEN ◆

8 Matjesfilets
1 Zwiebeln
1 Magerjogurt
50 g saure Sahne (10%)
1 TL Senf
100 g Gewürzgurken
2 Äpfel
Salz, Pfeffer
Zitronensaft

Käse

Käsespatzen

♦ ZUTATEN ♦

100 g Ei-Ersatzpulver aus dem Reformhaus
0,7 l lauwarmes Wasser
Muskat, Pfeffer, Salz
1 TL Diätmargarine
125 g geriebenen Edamer (30% Fett)
180 g Weizenmehl (Typ 405)

1 Ei-Ersatzpulver mit Wasser, Muskat, Pfeffer und Salz verrühren und 5–10 Minuten quellen lassen.

2 Das Mehl nach und nach in die Ei-Gewürzmischung geben und zu einem glatten Teig verrühren.
Anschließend 1 Stunde quellen lassen.

3 Reichlich Salzwasser in einem großen Topf zum Kochen bringen. Den Teig portionsweise durch einen Spätzlehobel oder eine Nudelpresse mit entsprechendem Aufsatz ins Wasser drücken. Wenn die Spätzle oben schwimmen, sind sie fertig. Die Spätzle mit einem Schaumlöffel aus dem Wasser nehmen und gut abtropfen lassen.

4 Anschließend die Diätmargarine in einer Pfanne zerlassen. Die Spätzle hineingeben, leicht anbraten und den Käse darüber streuen. Wenn der Käse geschmolzen ist, die Spätzle heiß servieren.

Für vier Personen

Cholesterin: ca. 44 mg
Fett: ca. 32 g

Man sollte täglich nicht mehr als 300 Gramm Cholesterin mit der Nahrung zu sich nehmen.

Käse kann reichlich Fett und damit Cholesterin enthalten. Achten Sie beim Einkauf auf die Angabe »Fett i. Tr.« (in der Trockenmasse). Der Wert sollte nicht über 30 Prozent liegen.

Desserts

Quarkcreme

1 Die Vanilleschote und die Maisstärke mit einer Prise Salz in der Milch unter ständigem Rühren zum Kochen bringen. Kurz aufkochen lassen, dann den Topf vom Herd nehmen. Die Vanilleschote herausnehmen.
2 Die Äpfel schälen, vierteln, vom Kerngehäuse befreien und in Scheiben schneiden. Die Apfelscheiben in wenig Wasser mit einem Spritzer Zitronensaft und Süßstoff zu Kompott einkochen.
3 Den Quark und den Jogurt mit etwas Saft vom Apfelkompott verrühren und dann löffelweise unter das Milch-Stärke-Flammeri rühren.
4 Das Apfelkompott in vier Portionsschälchen füllen, die Preiselbeeren darauf verteilen, die Quarkcreme darüber geben und 1–2 Stunden kalt stellen.

Für vier Personen

Cholesterin: ca. 12 mg
Fett: ca. 3,5 g

♦ ZUTATEN ♦

1 Vanilleschote
20 g Maisstärke
1 Prise Salz
1/4 l fettarme Milch
4 Äpfel (500 g)
Zitronensaft, Süßstoff
100 g Magerquark
100 g Jogurt
4 TL Preiselbeeren

Rohrnudeln mit Vanillesoße

1 Aus der Hefe, 125 ml Milch, dem Mehl, 1 EL Zucker, der Prise Salz und der Diätmargarine einen Teig herstellen und gut durchkneten. Den Teig zudecken und an einem warmen Platz mindestens 1 Stunde ruhen lassen.
2 Den Teig nach dem Ruhen noch einmal kurz durchkneten und acht Klöße daraus formen.
3 Eine Auflaufform mit 1 EL Margarine einfetten und die Klöße hineinsetzen. 1 EL Margarine schmelzen lassen und die Klöße damit einstreichen. Mit etwas Mehl bestäuben und weitere 10–15 Minuten ruhen lassen.
4 Anschließend die Klöße im Backofen bei etwa 200 °C 20–25 Minuten backen.
5 Das Vanillepuddingpulver mit etwas Milch anrühren. 75 ml Milch aufkochen und das angerührte Vanillepuddingpulver hineingeben. Kurz aufkochen lassen und mit Zucker abschmecken.

Für vier Personen

Cholesterin: ca. 50 mg
Fett: ca. 12 g

♦ ZUTATEN ♦

10 g Hefe,
875 ml Milch (1,5% Fett)
250 g Mehl
2 EL Zucker
1 Prise Salz
3 EL Diätmargarine
4 EL Vanillepuddingpulver

Milchreis

◆ ZUTATEN ◆

200 g Naturreis (Rundkorn)
je 375 ml Wasser und Milch, Salz
1/2 unbehandelte Zitrone
Vanille
30 g Halbfettmargarine
3 EL Bienenhonig
10 g Zimt (gemahlen)
20 g gehackte Haselnüsse
1 roten Apfel

1 Den Reis waschen und in einem Sieb abtropfen lassen.
2 Wasser, Milch, Reis, Salz und geriebene Zitronenschale in einen Topf geben. Aufkochen lassen. Bei geringer Hitze etwa 45 Minuten quellen lassen. Vanille und Margarine dazugeben.
3 Den Milchreis auf 3 Teller verteilen und mit je 1 EL Honig vermischen. Den Reis mit Zimt bestäuben und die Haselnüsse darüber streuen.
4 Den Apfel waschen, vierteln, das Kerngehäuse entfernen und die geviertelten Teile in Spalten schneiden. Die Apfelspalten mit dem Saft der Zitrone beträufeln, damit sie sich nicht braun verfärben. Den Milchreis damit garnieren.

Für drei Personen

Cholesterin: ca. 22 mg
Fett: ca. 44 g

Rote Grütze mit Vanillesoße

◆ ZUTATEN ◆

500 g Beeren (Himbeeren, Johannisbeeren, Erdbeeren etc.)
500 ml Johannisbeer- oder Kirschsaft
etwas Zitronensaft
4 EL Zucker
3 EL Stärkepulver
250 ml Milch (1,5% Fett)
1 1/2 EL Vanillepuddingpulver

1 Den Beerensaft bis auf 1 Tasse kurz aufkochen lassen und mit etwas Zitronensaft und 3 EL Zucker abschmecken.
2 Die Beeren in den angedickten Saft geben. Mit einem Schöpflöffel in Portionsschälchen füllen und kalt stellen.
3 Das Vanillepuddingpulver mit etwas Milch anrühren. Die restliche Milch zum Kochen bringen und das angerührte Pulver hineingeben. Kurz aufkochen lassen und mit dem restlichen Zucker abschmecken.
4 Die Vanillesoße zu der kalten Beerengrütze reichen.

Für vier Personen

Cholesterin: ca. 15 mg
Fett: ca. 4 g

Erdbeermuffins

◆ ZUTATEN ◆

2 1/4 Tassen Haferkleie
1/4 Tasse braunen Zucker
1 EL Backpulver
1/2 Tasse Magermilch
je eine 3/4 Tasse Erdbeersaft und frische Erdbeeren
2 Eiklar
2 EL Pflanzenöl

1 Trockene Zutaten in einer Schüssel mischen.
2 Milch, Saft, Früchte, Eiklar und Öl im Mixer verrühren. Die schönsten Erdbeeren zur Dekorierung aufheben.
3 Zutaten mischen, den Teig in Papiermanschetten füllen, mit Erdbeeren verzieren. Auf ein Blech legen und 17 Minuten im auf 220 °C vorgeheizten Backofen backen.

Für zwölf Muffins

Cholesterin: –
Fett: ca. 25 g

Die Autorin des Buches
Gerda Pighin, Jahrgang 1948, Journalistin, arbeitet seit mehr als 20 Jahren als Redakteurin bei Frauen und Elternzeitschriften. Ihre Themenschwerpunkte sind Gesundheit, alternative Heilmethoden, Pädagogik und Psychologie. Im Pattloch Verlag, Augsburg, erschien von Gerda Pighin das erfolgreiche Buch »Kinder lernen sprechen«.

Haftungsausschluss
Die Inhalte des Buches sind sorgfältig recherchiert und erarbeitet worden. Dennoch könne weder Autorin noch Verlag für alle Angaben im Buch eine Haftung übernehmen.

Die Deutsche Bibliothek – CIP Einheitsaufnahme

Gerda Pighin:
Die Cholesterin-zwei-Monats-Kur/Gerda Pighin. –
Augsburg: Midena, 1998
ISBN 3-310-00446-5

Bildnachweis
Bilderberg Archiv der Fotografen, Hamburg: 85 (nonstock), 96 (Wolfgang Kunz); Foto Traudel Bühler, Augsburg: 37, 73, 116; Studio A.D. Arnold E.A. Debus, München: 80; FOOD Archiv, München: 135, 138; Jens Kron, Augsburg: 83, 90, 103, 107; Bildarchiv Okapia KG, Berlin: 12 (NAS/W.&D. McIntyre), 13 (NAS/A. Glaubermann), 16 (Manfred P. Kage), 21 (Neufried), 32 (TH Foto/Tschanz-Hofmann); PhotoDisc, Hamburg/Seattle:2;). PhotoPress Bildagentur GmbH, Stockdorf/München: 5 (Hapf); ZEFA Zentrale Farbbild Agentur GmbH, Frankfurt: 7 (Rosenfeld), 11 (Mednet), 19 (Wartenberg), 24 (Meyer), 26 (Stemmler), 29 (Madison), 31 (Salm), 34 (K.+H. Benser), 38 (Morsch), 48 (Heilmann), 51 (Morsch), 55 (Stemmler), 56 (Flamisch), 62 (Boutin), 71 (Lenz), 78 (Wartenberg), 89 (W.H. Müller), 94 (Jonas), 99 (Voigt), 111 (Zettl), 114 und 118 (Hackenberg), 120 (K+H Benser), 125 (Boddenberg),
Titel: ZEFA Zentrale Farbbild Agentur GmbH, Frankfurt: Fond (Hanneforth), Einklinker: (K+H Benser);

Weiterführende Literatur
Cooper, K. H., Dr.: Bewegungstraining. Fischer Verlag. Frankfurt a. M. 1996
Dokoupil, K./Koletzko, B./Schenk, U. v.: Hast du auch hohes Cholesterin? Steinkoff Verlag. Darmstadt 1996
Elmadea, I. Prof. Dr. u. a.: GU Kompaß Nährwerte. Gräfe und Unzer Verlag. München 1997
Pospisil, Edita: GU Kompaß Cholesterin. Gräfe und Unzer Verlag. München 1996
Schmiedel, Volker, Dr.: Cholesterin naturgemäß behandeln. Haug Verlag. Heidelberg 1994
Schottdorf-Timm, Ch., Dr. u. a.: GU Kompaß Laborwerte. Gräfe und Unzer Verlag. München 1997

Tabellen
Elmadea, I., Prof. Dr. u. a.: GU Kompaß Nährwerte. Seite 30
Pospisil, Edita: GU Kompaß Cholesterin. Seite 45

Impressum

Midena Verlag

Redaktion: Annette Gillich/Monika Held
Bildredaktion: Miriam Zöller
Umschlag: Beatrice Schmucker
DTP/Satz: satz & repro Grieb, München
Reproduktion: PHG, München
Druck und Bindung: Offizin Andersen Nexö, Leipzig

Gedruckt auf chlorfrei gebleichtem Papier

Printed in Germany

ISBN 3-310-00446-5

Register